# ALPHABET
## POUR LES ENFANS,

CONTENANT les 8. Leçons de la Méthode de M. DE LAUNAY, pour aprendre à lire le François & le Latin, par un Sistême si aisé & si naturél, qu'on y fait plus de progrès en trois mois, qu'en trois ans, par la Méthode anciènne & ordinaire, &c.

## QUATRIEMÉ EDITION,

*Revue, corrigée, pèrféétionnée & augmentée de beaucoup par l'Auteur, & principalement d'une Préface, qui démontre les avantages de la nouvèlle Méthode, qui prouve les défauts de l'Anciènne, & qui donne la manière d'enseignér les Enfans : avéc d'autres parties très-utiles, &c.*

---

*Le Prix est de 40. sols relié, & de 30. s. broché.*

---

## A PARIS,

Chés
- La Veuve ROBINOT, Quai des Grands Augustins, près l'Eglise.
- CHAUBERT, Quai des Augustins, près le Pont S. Michel, à la Renommée & à la Prudence.
- DEBATS, au 7e. Pilliér de la Grand'Salle du Palais, à S. François.
- HAUCHEROT, Quai de Conti, vis-à-vis le Pont-Neuf, au Phénix.

---

## M. DCC. L.

*Avéc Aprobation & Privilége du Roy.*

# AVIS AUX PARENS.

Ceux qui défireront faire aprendre à leurs enfans par la nouvélle Méthode, s'adréfferont à M<sup>lle</sup>. de Vaucourt *, qui leur procurera d'excéllens Maîtres. Il ne faut s'adréffér qu'à élle diréctément, fi on veut avoir ce qu'il y a de mieux.

Plufieurs fe pérfuadent que rien n'eft plus facile que d'enfeignér à lire à un enfant, & ils croyent que toutes fortes de gens en font capables, mais ils fe trompent : rien au contraire n'eft plus dificile, fi on confidére tous les inconvéniens qui accompagnent l'enfance.

Le dégoût, l'inconftance, la légéreté & les caprices des enfans, rendent leur premiére éducation très-dificile : il faut avoir bien du talent & une grande éxpérience, pour conduire ce petit Peuple, & pour en tirér parti.

Il ne fuffit pas d'avoir un bon inftrument pour en bien jouér, il faut encore qu'il foit

---

* M<sup>lle</sup>. de Vaucourt, *demeure rue de Cléry, dans la feconde porte cochère à droite, en entrant par la rue Montmartre.*

*a ij*

entre les mains d'un habile homme : de même il ne suffit pas d'une bonne Méthode pour bien enseignér, il faut encore qu'elle soit maniée par des mains habiles, sans quoi on ne doit point éspérér de succès ou très-peu.

Il n'y a rien de si rare qu'un habile homme en tout genre, & parmi les habiles gens, rien n'est encore si rare, que d'en rencontrér un, qui ait le vrai talent d'enseignér.

Outre la bonne Méthode, il est donc d'une conséquence infinie, de faire choix d'une pérsonne habile, même pour commencér la lécture. C'est dans ces commencemens que les organes de la voix se forment pour une bonne ou pour une mauvaise prononciation, & qu'un enfant est susceptible de recevoir de bonnes ou de mauvaises impréssions. Les unes & les autres gérment & produisent leurs éffets en leur tems.

Ceux qui veulent faire aprendre à déssinér à leurs enfans, ou tout autre Art, choisissent même pour les premiérs commencemens, les meilleurs Maîtres, de crainte qu'ils ne prennent ailleurs de mauvais principes, dont ils ne pouroient plus se défaire dans la suite. L'habitude prend racine en nous, elle devient comme une seconde nature, & si elle est mauvaise, il est bien plus dificile de s'en défaire, que d'en contractér une bonne d'abord.

Philipes Roi de Macédoine, ne voulut pas

confiér le foin des premiérs commencemens de l'éducation de fon fils Aléxandre le Grand, à d'autres qu'à Ariftote, qui étoit le premiér Philofophe de fon tems, & il voulut que ce grand homme, qu'il déftinoit pour être fon Précépteur, lui aprît à nommér les létres : tant ce Prince étoit pérfuadé, qu'on ne pouvoit choifir une main trop habile, pour inculquér les premiéres notions des chofes.

Aujourd'hui, dans beaucoup de Maifons, on abandonne le foin de la léċture, & même de la premiére éducation des enfans, à des Gouvérnantes, dont la plupart ne pouroient pas diftinguér, un finguliér d'avéc un pluriér.

Ordinairement ce font des filles de Province, fans éducation, qui communiquent à leurs éléves, une mauvaife prononciation, un mauvais langage & mille autres défauts, dont ils ont enfuite beaucoup de peine à fe corrigér, quélquefois ils les gardent toute leur vie.

On ne ménage rien pour donnér des ajuftemens riches à un enfant, & on lui épargne quélques mois d'un bon Maître ou d'une bonne Maîtréffe : Quélle fingularité !

Il y a cependant des Parens éclairés, qui fentent tout le prix d'une bonne éducation, & à qui rien ne coûte, pour s'atachér de bons fujets, mais le nombre en eft petit.

On avèrtit ici que l'on trouve encore chés quélques Libraires, des Méthodes, dont le titre est à la page qui suit;
mais ce sont de nouvélles éditions contrefaites & remplies
de fautes; car la vraie édition faite en 1741. & corrigée par
l'Auteur, est finie il y a long-tems. Comme il y a peu de
Livres qui ayent u plus de cours que celui-là, il a été con-
trefait en plusieurs endroits de la France, ainsi que dans les
Pays étrangers.

# AVERTISSEMENT.

CET Alphabet & ces principes, sont ti-
rés d'un Livre intitulé : *Méthode pour
aprendre à lire le François & le Latin, par un
Siſtême ſi aiſé & ſi naturèl, qu'on y fait plus de
progrès en 3. mois, qu'en 3. ans, par la Méthode ancienne & ordinaire. Contenant auſſi un
abrégé des Sons éxacts de la Langue Françoiſe,
les diférentes dénominations & variations des
Lètres & leurs uſages. Un Traité des Accens &
de la Ponctuation. Une Obſervation ſur la lècture du Latin. Un Abrégé de la Quantité. La définition des neuf parties d'Oraiſon qui compoſent
le Diſcours. Un éxemple des Dèclinaiſons & des
Conjugaiſons, &c. Ouvrage très-utile à tous
ceux qui veulent parlér & écrire cète Langue
corrèctement, ſans être obligés de faire une longue étude : avéc des Réfléxions ſur la Théorie
& ſur la Pratique de la Méthode du Bureau
Tipographique, & un Plan nouveau d'une Ortographe facile, abrégée & régulière, &c.
Paris,* 1741.

On a détaché de ce Livre, le préſent Alphabet, à la ſollicitation de beaucoup de
Maîtres, tant de Paris que des Provinces,

& principalement aux inſtances de M. Tingot, Prêtre de S. Séverin à Paris, & Supérieur de l'Ecole de céte Paroiſſe, homme d'un vrai mérite. Il avoit l'Ouvrage entiér, ainſi que ſes Maîtres, il n'a ſouhaité que les 8. Leçons de céte Méthode, pour la léĉture ſeulement, avéc une courte éxplication de ſes principes & de ſa maniére d'épelér : mais comme céte éxplication n'eſt pas aſſés étendue pour ceux qui ne connoiſſent pas la Méthode, on s'eſt détérminé à donnér dans céte quatriême Edition, pluſieurs augmentations nécéſſaires, pour ceux qui veulent enſeignér par ce Siſtême.

On a diviſé cét Ouvrage en deux Parties.

La premiére contient la Préface du Livre dont on vient de voir le titre, qui fait connoître l'origine de céte Méthode, ſes progrès, en quoi élle conſiſte, qui démontre ſes qualités & ſes avantages, qui prouve les défauts de l'anciénne Méthode, & qui donne la maniére d'enſeignér les enfans.

Dans la ſeconde Partie, ſont ſix Chapitres.

On trouve dans le premiér, page 41. l'éxplication des principes de céte Méthode,

Le second Chapitre, page 44. contient
1°. Quélques obférvations, tant fur la valeur
des accens, que fur les leçons de la léćture.
2°. Les huit leçons de la léćture pour les enfans, & d'autres parties, pages 55. 56. &c.

On donne dans le troifiéme Chapitre,
page 70. la maniére d'épelér, felon cète
Méthode.

Le quatriême Chapitre, page 73. renférme des obférvations, fur la léćture du Latin.

On trouve dans le cinquiéme, page 77.
un Abrégé de la Quantité, c'eft-à-dire,
quélques régles principales pour la prononciation du Latin, ce qui eft ignoré de beaucoup de pérfonnes.

Le fixiéme Chapitre, page 80. contient un
petit Traité en François & en Latin, qui a
pour titre : *Idée de l'Univèrs, proportionnée à
la portée des Enfans.* On a beaucoup augmen-
té & pérféćtionné ce Traité, tant en François qu'en Latin, d'abord pour éxércér
les enfans dans la léćture, & enfuite pour
leur aprendre bien des chofes nécéflaires.

Ils en retireront un grand profit, fi on
fait à propos, leur faire fur cela les quéf-
tions convenables, & même leur en aprendre beaucoup par cœur. Ceux qu'on défti-
ne aux études fur-tout, y aprendront un

*b*

grand nombre de mots Latins, très-utiles dans le difcours familiér, qu'on ignore fouvent, même dans nos meilleurs Colléges.

Enfuite de ce petit Traité, page 128. eft une Létre de M. l'Abbé de la Sérre, Chanoine de l'Eglife de Langres, tirée du Mércure de France, qui raporte les fufrages unanimes & les éloges de tous nos Savans, en faveur de la nouvélle Méthode pour aprendre à lire, & qui prouve que toutes célles qui ont paru depuis fur céte matiére, comme *le Bureau Tipographique*, & quélques autres qui ont encore paru depuis ce *Bureau*, ne font que de mauvaifes copies de notre Méthode, & qu'élles n'ont fervi toutes, qu'à l'embrouillér par une infinité de chofes inutiles & puériles, très-contraires à la bonne façon d'enfeignér & au progrès des enfans.

On voit à la fuite de la Létre de M. l'Abbé de la Sérre, pages 145. 46. & 47. des preuves maniféftes, que notre Méthode eft fuivie dans les Provinces, auffi-bien qu'à Paris, fuivant un Livre nouveau, imprimé par les ordres de M. l'Evêque Comte de Toul, dont on rend compte par éxtrait.

On n'a raporté tous ces fufrages & les

éloges des Savans, en faveur de la nouvélle Méthode, que pour faire connoître le tort de ceux qui fuivent encore l'anciénne, puifqu'ils ont contre eux, & l'éxpérience même, & l'autorité des plus habiles gens.

A la page 149. on a placé un Exemple,
qui démontre d'une maniére encore plus
fenfible que notre Préface, le ridicule éx-
trême, de la maniére d'enfeignér à lire, felon l'anciénne Méthode.

On prouve par cét éxemple, qu'un Maître qui auroit 50. écoliérs à faire lire, tant
dans fa claffe du matin, que dans célle du
foir, articuleroit par céte anciénne Méthode,
conjointement avéc fes écoliérs, la quantité prodigieufe de, *onze millions neuf cens
quarante mille fons inutiles*, de plus que par
la Nouvélle, & cela dans une feule journée.

Enfin, on trouve à la page 162. une
Létre d'une petite fille de 8. ans, qui prouve avéc les circonftances qui l'accompagnent, combien la nouvélle Méthode eft
fupérieure à l'anciénne, non - feulement
pour la pérféction de la lécture & la
bonne prononciation : mais encore pour
l'Ortographe tant du François que du Latin.

J'ai cru devoir joindre enfuite, page 166.

l'hiſtoire d'un enfant, qui à 10. ans & demi,
n'avoit jamais pu aprendre d'aucuns Maîtres, à nommér ſeulement les 5. voyéles.

Pluſieurs pérſonnes qui ne font point de
réfléxions, au premiér coup d'œil & avant
d'avoir rien lu de cét ouvrage, s'imaginent que tout ce petit Livre, doit être con-
çu par les enfans, avant même d'aprendre à lire, & ils diſent : *Il faut que les en-*
*fans ayent l'éſprit bien formé pour aprendre à*
*lire par cète Méthode, car èlle conſiſte en rai-*
*ſonnemens.* Ils ne font point atention que
ces raiſonnemens ne font faits que pour les
Maîtres ou les Parens, qui ne connoiſſent
pas ce Siſtême : mais que les enfans, pour
aprendre à lire, n'ont beſoin que de 6.
feuillets qui commencent par les létres de
l'Alphabet ; page 55. & qui finiſſent à la
page 66. Si ces mêmes pérſonnes avoient
lu ſeulement notre Préface avéc atention,
ils vérroient que ce Siſtême de léĉture,
pour la pratique, eſt au contraire ſi facile,
qu'il eſt à la portée des petits enfans de 2.
à 3. ans : & qu'ils aprénnent les létres, les
ſilabes, à épelér & à lire, comme machi-
nalement & ſans s'en apércevoir. C'eſt en
conſéquence de cète facilité, qü'ils font
plus de progrès par céte nouvélle Méthode, en 3. mois, qu'ils n'en font en 3. ans,
par l'anciénne, lorſqu'ils ſont bien enſeignés.

PREFACE.

# PRÉFACE,

*Qui sert de première Partie.*

EAUCOUP de gens font des
Méthodes nouvéles , des Sistè-
mes nouveaux , parce qu'ils ont
été frapés vivement d'une idée
qui s'est offérte à eux , & qu'ils
ne se sont pas donnés le tems de digérér ;
ils se hâtent de donner au Public un fruit
souvent précoce de leur imagination ; dans
l'impatience d'acquérir la réputation d'Inventeurs. On veut être Auteur , de là il ar-
rive que par trop de précipitation & faute
de consultér l'expérience , on tombe dans
des erreurs fréquentes , loin d'être en état
de conduire les autres , on s'égare soi-mé-
me : il y a bien de la diférence entre enfan-
tér un Sistême dans son cabinet & compo-
sér une Méthode sur les défauts que l'on
remarque dans les anciénes maniéres. Lors-
que l'on est dans le cas de pratiquér la Mé-

thode que l'on propofe, on peut corrigér la pratique par les réfléxions, & les réfléxions par la pratique.

Les nouveaux Méthodiftes font expofés à trouvér le Public en garde contre eux : il eft l'énnemi des innovations en tout genre.

La Méthode que je propofe n'a pas l'inconvénient de la plúpart des nouvélles Méthodes, d'être hazardée, élle ne fort pas de mon imagination, élle eft le fruit d'une pratique confommée. Feu mon Pére, ancien Maître de Penfion à Paris, (*) ne l'a compofé qu'après 20. années d'éxpérience de fa proféffion ; il l'a fait éxercér chés lui pendant plus de 15. ans, avéc un fuccès reconnu du Public ; on lui amenoit les enfans

---

(*) Il avoit u l'honneur d'être Sécrétaire de feu Mónfeigneur le Grand Dauphin Ayeul du Roy, & Tréforiér de fes menus Plaifirs, qui fe montoient à cinquante mille livres par mois, dónt il ne rendoit compte qu'à ce Prince diréctement. J'ai la preuve écrite de ces faits, par des Titres fignés & apoftillés de la main de Monfeigneur. Ces Titres font trop glorieux à la mémoire de mon Pére, pour ne pas les rapelér ici.

Monfeigneur l'avoit tiré de l'état de Maître de Penfion pour l'atachér à lui. Après la mort de ce Prince, l'amour de fa proféffion lui avoit fait reprendre fon premiér état : preuve que l'ambition ne dirigeo't pas fon cœur.

Pénétré des vérités de l'Evangile, il ne vouloit pas enfouir le talent de l'éducation de la Jeunéffe, qu'il avoit reçu de la Providence. Ce talent fi peu cultivé aujourd'hui, lui paroilloit le plus digne d'un vrai Chrétien ; puifqu'il tend à formér des fujets, & à les rendre capables de bien fervir Dieu & leur Patrie.

les plus tardifs, qui n'avoient pu aprendre felon l'anciénne Méthode : avéc le fecours de la nouvélle, ils ne paffoient pas quatre mois fans lire corréctement, dans tous les livres François & Latins.

Ce petit Traité fait pour les enfans, n'eft pas indiférent pour le réfte des hommes ; ce n'eft qu'un Livre élémentaire, mais il devient le fondement de l'éducation, & nous ne croyons pas nous avancér trop, en difant après S. Jérôme : *qu'il ne faut pas négligér les chofes qui paroiffent petites, lorfque les grandes ne peuvent s'acquérir fans elles.*

Quoique je fois pérfuadé de la bonté de la nouvélle Méthode, j'ai long-tems héfité à la donnér, & je ne la préfente au Public, qu'après en avoir été follicité par beaucoup de Péres de familles & de Maîtres.

Elle a fubi en 1713. & en 1719, les éxamens auxquèls on affujétit les nouveaux ouvrages ; mon Pére muni de ces premiérs fufrages, la fit imprimér : quoique fes principes fuffent éxcéllens & vrais, il ne fut pas content de la forme de fon Traité, il mourut avant de l'avoir refondu & rédigé : le peu d'éxemplaires qu'il en avoit fait imprimér, furent à peine débités, & la Méthode eft demeurée préfque inconnuë au Public.

En 1731. une perfonne d'un mérite trèsdiftingué, informée que je pofsédois céte Méthode, m'engagea à enfeignér M<sup>lle</sup> fa fille, âgée lors de fept ans. Quoique née avéc de l'éfprit, élle n'étoit point encore parvenue, en l'éfpace de nombre d'années, avéc le fecours de la Méthode ordinaire & des meilleurs Maîtres, à connoître feule-ment les létres, & à affemblér quélques filabes : c'éft fans doute parce qu'élle avoit plus de jugement, qu'élle s'accommodoit moins de l'anciénne Méthode ; car fi les enfans ont plus de mémoire que de jugement, ils aprénnent par toutes fortes de Méthodes, parce que leur grande mémoire furmonte toutes les dificultés ; mais s'ils ont plus de jugement que de mémoire, ils ne peuvent aprendre felon céte anciénne Méthode, fans un nombre d'années, attendu que fes principes font totalement opofés à la raifon, ainfi que je le démontrerai.

Je me chargeai de l'enfeignér par pure confidération, car c'étoit un nouveau métiér pour moi. En moins de trois mois, élle fut lire dans tous les livres François & Latins.

Dans le même tems, une pérfonne de confidération, ami du pére de céte D<sup>lle</sup>, & qui étoit journéllement témoin du progrès qu'élle faifoit, m'engagea auffi à enfeignér à M. le Comte de Brionne, fils aîné de M. le Prince de Lambéfc, qui fe trou-

voit dans les mêmes circonſtances, c'eſt-à-
dire, à peu près du même âge, qui aprenoit
depuis le même tems par d'autres Maîtres,
& qui en ſavoit encore moins que cête
D<sup>lle</sup>. J'us quelque peine à m'y déter-
minér, parce que mes occupations ſont
d'un tout autre genre, cependant je fis encore avec ce Prince, uſage de la Méthode.

Peu de jours après, on le mit au Colége
des RR. PP. Jéſuites de Paris : je fus engagé de continuér à l'inſtruire dans cête
Maiſon, & comme il étoit très-peu avancé
en y entrant, ces Maîtres ont été les témoins des progrès qu'il a fait par cête Méthode. Le R. P. de Molien, Préfét de ce
Prince, me donna un cértificat dont voici
les térmes.

*Je ſouſigné cértifie que M. de Launay s'é-*
*tant chargé d'aprendre à lire à M. le Comte*
*de Brionne, par une Mèthode nouvélle, &*
*qu'il diſoit être beaucoup plus abrègée que l'an-*
*ciènne & ordinaire, il y a réuſſi de façon,*
*qu'en moins de quatre mois, M. le Comte de*
*Brionne a été en état de lire en toutes ſortes*
*de livres François & Latins. Je puis encore*
*aſſurér que M. le Comte de Brionne n'avoit*
*aucun commencement de léêture, & qu'il ne*
*connoiſſoit pas même ſes lètres, lorſqu'il eſt en-*
*tré au Colége de Louis le Grand. A Paris, le*

22. *Février* 1732. Signé, DE MOLIEN, *de la Compagnie de Jésus.*

M. le Comte de Brionne a confirmé ce certificat, par celui qui suit.

*J'atêste que le certificat qui a été donné à M. de Launay, le* 22. *Février* 1732. *par le P. de Molien de la Compagnie de Jésus, qui étoit pour lors mon Préfèt au Colége de Louis le Grand, est conforme à la vérité, & qu'éffèctivement avec l'usage de sa Méthode, il m'a apris à lire en moins de quatre mois. Je consens qu'il fasse tèlle mention qu'il jugera à propos dans son livre, tant du certificat du P. de Molien, que du présent. Fait à Vèrsailles, le* 10 *Juin* 1740. Signé, LE COMTE DE BRIONNE.

Le progrès que ce Prince a fait, est une nouvèlle preuve de l'excélence de céte Méthode, car étant très-chéri, il étoit bien dificile de lui inculquér quélque chose. Enfin, je l'avois oublié jusqu'à ce jour, & ne songeois point à la faire imprimér de nouveau, suivant le dérniér goût de son Auteur, pérsuadé que je suis de la dificulté qu'il y a de métre au jour les moindres ouvrages; mais je le répéte, je n'ai pu résistér aux sollicitations de mes amis, qui m'ont fait enténdre que je ne pouvois refuser ce sérvice au Public, sur-tout à ma Patrie. Ce sont là les motifs que je me suis proposés, dans la réimprèssion de céte Méthode : je m'éstimerai très-heureux si mes vues réussissent, & si ce Sistême est goûté des Savans.

Les meilleures choses ne peuvent être du goût de tout le monde, par les différentes manières de penser d'un chacun, & par les différens préjugés où sont la plûpart des hommes.

Les uns veulent *que les enfans soient long-tems à aprendre à lire, afin que leurs études consomment tout le tems de leur jeunèsse, parce qu'ils ne sauroient à quoi les employér, lorsqu'ils auroient acquis cète connoissance*, comme si toute la science d'un enfant devoit se bornér à la simple lécture.

Les autres au contraire sont pérsuadés, *qu'on ne sauroit donnér une bonne éducatiou aux enfans, si on ne les commence de très-bonne heure, & si on ne leur fait employér tous les instans, parce, disent-ils, que la vie est courte, qu'èlle ne sufit pas seulement pour se pèrfèctionnér dans une seule science, qu'il y en a grand nombre qu'on ne doit pas ignorér, du moins en partie: qu'enfin, on ne sauroit employér le tems trop utilement.* Ces deux opinions sont bien diférentes ; mais sans dire ici mon sentiment, je laisse à pensér aux pérsonnes sensées, laquélle ils trouvent la meilleure.

D'autres soutiénnent, qu'il n'y a point de meilleure manière d'enseignér à lire, de plus abrégée & de plus facile, que la Mé-

a iiij

thode ancienne & ordinaire. *Nous savons lire, disent-ils, nous avons apris par l'ancienne Méthode, qui nous a réussi; pourquoi la changer? Pourquoi substituer à une Méthode connue & accréditée, une Méthode nouvelle, dont on ne connoît ni l'utilité, ni les inconvéniens?*

Enfin d'autres disent : *Comment nos Savans ont-ils fait? Ils n'ont point apris à lire autrement que par l'ancienne Méthode, & cependant ils le savent.*

La réponse est bien simple. Avant la Méthode de mon Père imprimée en 1719. il n'y en avoit point d'autre pour aprendre à lire que l'ancienne, ainsi il faloit bien qu'on s'en servît faute d'autre. On ne dit pas qu'il soit impossible d'aprendre par cête ancienne Méthode, mais seulement, qu'on n'y parvient que d'une manière très-longue & très-dificile.

C'est comme si l'on avoit dit au tems de l'invention des moulins à vent & à eau : *mais comment ont fait nos Pères, ils se servoient de moulins à bras, & cependant ils vivoient?*

Il faloit bien qu'ils se servissent de ces moulins à bras, faute d'autres, quoiqu'ils fussent très pénibles & très-ruineux, mais aussi-tôt qu'ils en ont u de meilleurs, ils ont quité l'usage des premiérs, parce qu'on doit toujours préférér ce qui est plus commode & plus utile.

Un bon Maître peut être comparé à un bon guide, qui fait bien le chemin, & qui conduit par la route la plus courte & la plus facile : de même une bonne Méthode est un bon chemin, qui est plus court, plus facile & plus sûr.

Il n'est pas étonnant, que des personnes qui ont apris par une Méthode, qui en ont sucé, pour ainsi dire, les principes avéc le lait, ne soient prévenus en sa faveur, & qu'ils ne se souviénnent plus dans un âge avancé, ni du tems qu'ils y ont employé, ni des peines qu'ils ont u pour y parvenir : même de leur voir faire des éfforts pour la soûtenir : mais quand ils voudront consultér la raison, se méttre à la place d'un enfant, dont l'intélligence est, en quélque façon, encore envelopée dans la matiére, écoutér là-dessus les Maîtres éclairés qui enseignent, & quand ils voudront eux-mêmes instruire leurs enfans par céte anciénne Méthode, ils se rapélleront pour lors toute la gêne qu'ils ont soufért dans leur jeunéffe.

*Il me semble* ( dit le Pére Lamy, dans ses Entretiens sur les Sciences, en parlant de sa premiére éducation ) *qu'on me métoit la tête dans un sac, & qu'on me faisoit marchér à coups de fouët, me châtiant toutes les fois que ne voyant point, j'alois de travérs.*

Plusieurs Maîtres croyent que céte anciénne manière d'enseignér, est fondée sur

des principes géométriques & démonstra-
tifs, j'en ai vu d'affés barbares, pour châ-
tiér des enfans cruèllement, parce qu'après
avoir épelé un mot fuivant l'anciènne maniére, ils ne pouvoient enfuite le devinér,
car c'eft une pure divination, & cela à chaque mot que ces pauvres enfans manquoient
à devinér. On peut jugér par ces éxemples
qui ne font que trop fréquens, combien
des enfans, qui aprènnent à lire, quélquefois 3, 4, 5, 6, 7, 8 & 9 années; car j'en
ai vu nombre, qui ne favoient pas encore
lire, après ce grand éfpace de tems : combi n dis-je, ces malheureufes victimes de
la cruauté de téls Maîtres, foufrent-élles
de peines & de tortures, pour arrivér à
céte connoiffance ? & je fuplie de confidé-
rér, fi cela n'eft pas capable mille fois de
leur renvérfér l'éfprit, & de leur donnér
un dégoût abfolu, pour tout ce qui s'apélle
étude.

Il fe trouve à la vérité des enfans qui ont
tant de mémoire, qu'ils réuffiffent en peu
de tems, malgré la dificulté de l'anciènne
Méthode, mais ces éxemples font bien rares, & pour un, on en rencontre mille, qui
n'aprènnent qu'avéc des peines éxtraordi-
naires & un tems confidérable par céte anciènne Méthode, & d'autres qui n'aprènnent jamais; au lieu que par la nouvêlle,
les génies les plus tardifs, favent lire cor-

réctement en 4 mois, s'ils font enfeignés
par des Maîtres habiles, & s'ils ont reçu
une bonne éducation : car on ne parle point
ici de ces enfans mal élevés & idolatrés, à
qui les parens foufrent tout : ce font des
fujets *vis-à-vis* defquèls, les meilleures Méthodes blanchiffent.

Plufieurs comptent fur la jeunéffe d'un
enfant, & ils fe pérfuadent qu'ils ont toujours trop de tems : mais combien n'arrive-
t-il pas d'inconvéniens pendant le cours
de la vie, qui peuvent retardér, & même empêchér l'éducation, qui eft fi pré-
cieufe ?

Les maladies des enfans, les accidens, la
mort méme de leurs parens, qui fouvent en
changeant leur fortune, les mét hors d'état
d'aprendre : enfin, tous les évènemens qui
peuvent arrivér, & quél avantage n'ont pas
les enfans, lorfqu'on leur a fait prendre les
devans dans la carriére des études, qui
eft fi longue d'élle-même & fi pénible ?

Nous allons entrér préfentement dans le
détail de cètte nouvélle Méthode, & enfuite nous ferons connoître par des éxemples fenfibles, en épelant felon les deux
Méthodes, les qualités de la nouvélle, & en
quoi péche l'anciénne.

La vraie manière d'aprendre à lire une
langue, eft de nommér les létres & les fila-

bes : de joindre ces filabes enfemble pour
en former des mots.

Le fon des létres doit conduire à trouvér
le fon des filabes : en joignant & réuniffant
les fons des létres à ceux des filabes, & en
épelant felon les principes pofés, on doit
encore parvenir à trouvér dans les mots &
de foi-même, les véritables fons que l'on
chérche.

Plus une Méthode eft fimple, plus élle
eft facile & abrégée, or célle-ci paroîtra
bien fimple dans le fait, élle ne confifte
principalement que dans le changement du
nom des létres confonnes, car les voyéles ne
changent point. Voilà en quoi confifte quafi
toute la Méthode. Le fon que produit l'articulation de ces létres confonnes eft fi naturél, qu'on le conférve préfque toùjours
en les articulant dans le mot dont élles font
partie.

Lorfqu'un enfant fait le nom des létres,
felon céte Méthode, on lui aprend celui
de quélques doubles & triples, contenues
dans les principes, qui confiftent dans peu
de pages feulement. Le voilà en état d'épelér : & il y a une télle connéxité entre épelér & lire, que cét enfant eft comme nécéf-
fité de liré naturéllement & de lui-même,
dès qu'il commence à épelér, parce que
entre épelér & lire, il n'y a préfque pas de

diférence, & lorfqu'il fait paffablement fes
principes , fur lefquèls il n'eft pas plus de
15 jours ou un mois, s'il eft bien enfeigné
& bien élevé, il commence à lire de lui-
même quafi tous les mots. On le répéte
encore ici, fans ces deux conditions , *bien
enfeigné, & bien élevé*, on ne répond d'aucuns progrès.

Ainfi le nom des létres fimples & celui
de quélques doubles & triples, conduit à
épelér de foi-même , & la maniére d'épelér conduit infenfiblement à la lécture, cé,
fait eft conftant : ce qui eft bien diférent
de l'anciénne maniére , comme je le démontrerai dans peu , puifque le fon des
létres confonnes y eft tout-à-fait impro-
pre, étrangér, & même barbare, auffi-bien
que la maniére d'épelér , par raport aux
fons véritables que l'on chérche , & qui
font renférmés dans les mots.

Les noms des létres & la maniére d'épelér de céte anciénne Méthode , non-feulement font impropres & étrangérs, par raport aux fons chérchés ; mais encore la
quantité d'opérations & d'articulations
qu'on fait faire au difciple, avant de parvenir à nommér les véritables fons dont il
a befoin, ne férvent qu'à lui chargér la mémoire inutilement, à brouillér fes idées ,
les remplir de confufion, & lui forment
un obftacle préfque invincible, pour trou-

vér les véritables fons du mot. Ce n'eſt jamais avéc le fecours de céte anciènne Méthode, qu'il parvient à trouvér les vrais fons; ce n'eſt que par une routine éxtraordinaire & à force de les lui répétér pendant un tems confidérable. Cela eſt ſi vrai, que *les enfans ne favent jamais bien épelér par céte anciènne Méthode, que long-temps après qu'ils favent lire* (*) : preuve maniféſte de la fauſſeté de fes principes, car il eſt fans dificulté qu'on doit paſſér du ſimple au compofé, & que les premiérs élémens dans toutes les fciences, doivent dévelopér, pour ainſi dire, & démontrér par gradation l'objet chérché.

On me dira : *Qu'entendés-vous par le nom des létres ? Les confonnes n'ont point de nom déterminé, il n'y a que les voyéles qui puiſſent fe nommér : ces confonnes n'ont de nom & ne fe font fentir dans la léélure, qu'autant qu'élles font jointes à une voyéle.*

---

(*) *Ceci paroît un paradoxe felon l'opinion du vulgaire, car chacun fe perfuade, que c'eſt la manière d'épelér de l'anciènne Méthode qui conduit à la léélure : & on ne fauroit goûtér ce raifonnemen; les enfans ne favent jamais bien épelér, par céte ancienne Méthode, que long tems après qu'ils favent lire. Cependant cela eſt éxaélement vrai : & en voici la raifon*

*Le Maître ennuyé de ne point voir lire fon Ecoliér prend à la fin le parti de lui dire fous les mots, que ce dérniér répéte à force de routine, & quand ce Maître voit que fon Eléve commence à lire, il le remet bien vîte à épelér, parce qu'il s'imagine fauſſement qu'il oublieroit la léélure fans cela.*

On convient du principe, les lêtres confonnes n'ont de nom qu'autant qu'élles fe
joignent à une voyéle: cependant pour les
éxprimér fur le papiér, encore faut-il leur
donnér un nom, & les faire valoir par un
fon, & ces confonnes ne peuvent produire
un fon plus naturél, que celui qu'élles ont
quand on y ajoûte un, *e*, muët, à la fin, en ce
cas élles feront ainfi : *be, ce, de, fe, ge, he,
je, ke, le, me, ne, pe, que, re, fe, te, ve,
xe, ye, ze* : ou fi on l'entend mieux, *beu,
ceu, deu, feu, geu, heu, jeu, keu, leu, meu,
neu, peu, queu, reu, feu, teu, veu, xeu, yeu,
zeu :* parce que le fon de l'*e*, muët, étant comme impérceptible par lui méme, & divifi-
ble quafi à l'infini, il ne change rien à leur
nom ni à leur prononciation en lifant,
& il eft fi analogue avéc les fons renférmés
dans les mots, qu'il ne forme aucun obftacle aux enfans pour les trouvér d'eux-mêmes, dès qu'ils ont épelé fuivant notre Méthode, ce qui ne peut arrivér par l'anciénne,
ainfi que je le démontrerai.

Voilà de quélle maniére on les prononce
par la Méthode en quéftion, & les fons où
ces confonnes ont place font fi éxacts, qu'on
ne peut s'empêchér de les articulér dans la
lécture de préfque tous les mots: par éxemple, quand on prononce les lêtres qui font
marquées ci-deffous en caractéres italiques,
on ne peut s'empêchér de les nommér au-

trement, que felon la nouvélle Méthode : *befoin*, *cela*, *demeure*, *feu*, *gelée*, *heure*, *jetons*, *levain*, *melon*, *neveu*, *peloufe*, *quenouille*, *refaire*, *tenaille*, *velours*, *Xantus*, *Xeufe*, *Zeuxis*.

On eft encore forcé de les nommér de même que par céte Méthode, lorfqu'élles font précédées d'une voyéle ; ainfi, *ab*, *ace*, où *ac*, *ad*, *af*, *age*, ou *ag*, *aj*, *ak*, *al*, *am*, *an*, *ap*, *aq*, *ar*, *as*, *at*, *av*, *ax*, *ay*, *az* ; car en apuyant un peu fur la confonne, on voit que toutes ces létres produifent naturélement le même fon qu'on leur donne par céte Méthode, preuve qu'élles n'en peuvent avoir de plus naturél.

De plus, dans un grand nombre de mono-filabes, & dans préfque tous les autres mots, on nomme naturélement les létres de céte maniére, & cela, fans s'en apércevoir ; par éxemple, *je te le* dis : *ce que je me* fais ; *le* pain, *de* la viande, &c.

Tous ces mono-filabes, *je*, *te*, *le*, *ce*, *que*, *je*, *me*, *le*, *de*, nous donnent précifément le nom des létres de notre Alphabet, ce qui eft encore une nouvélle preuve, qu'élles n'en peuvent avoir de meilleur. Cependant on voit encore quélques gens qui fe récrient contre le nom de ces létres, comme fi on l'avoit puifé dans le fond de la Barbarie.

Il n'y a pas encore un mois, qu'un homme qui paffe pour fpirituél, ma tenu ce dialogue,

logue, en parlant de la lètre, *j*: *Comment,
au lieu de dire, i, il faudra que je dise, je?
Cela m'éfraye, il me semble que j'entende le son
de ces 3 lètres, jeu. Non, je ne m'y accoutu-
merai jamais.*

*Mais,* lui ai-je répondu, *puisque ce son, a
quelque chose de si éfrayant, pourquoi dans le
peu de mots que vous venés d'articulér, l'avés-
vous nommé deux fois, & sans vous en apèrce-
voir? Si ces sons vous éfrayent, il faut que
vous renonciés à votre propre langue, que vous
ne parliés, ou que vous ne lisiés jamais le François, que vous rompiés enfin tout commèrce avèc
ceux de votre Nation.* Il fit quèlques réfléxions, il se mit à sourire, & ne répondit
rien.

Si une pérsonne d'ésprit tient de pareils
propos, que ne feront pas les gens bornés?
Téls sont les éffets de la prévention & de
la préocupation, qui étoufent souvent en
nous les lumiéres même de la raison, quand
nous ne réfléchissons pas.

Néanmoins, s'il se trouve quèlques pérsonnes particuliéres à ce sujet, nous avons
la satisfaction de voir que les Savans pen-
sent en faveur de ce Siftême. On véra
dans la Lètre de M. l'Abbé de la Sérre,
qui est insérée à la fin de ce Livre, leurs
sufrages & leurs éloges.

Quand les enfans savent le nom des lètres, on leur aprend, comme on l'a déja

obférvé, un petit nombre de principes contenus dans peu de pages, qui concérnent
les fons des létres doubles & triples : par
éxemple, ces filabes, *in*, *on*, *an*, *au*, *un*,
*eau*, &c. qu'on leur fait prononcér à la fois
& en un feul fon, ainfi qu'on le véra éxpliqué dans les principes de céte Méthode,
en leur difant, un, *i*, & un, *n*, produifent enfemble le fon contenu dans la filabe, *in*, que
l'on prononce tout d'une voix , comme
dans ces mots , *in*curable , *in*concevable :
un, *o*, & un, *n*, forment encore enfemble
le fon contenu dans la filabe, *on*, comme
dans ces mots, maif*on*, oif*on*, & ainfi des
autres.

Céte éxplication ne doit fe faire que dans
les premiérs commencemens, car en leur
faifant répétér ces doubles létres dans leurs
principes, on doit, fans leur détaillér ces
létres l'une après l'autre, leur faire prononcér chaque filabe, tout d'une voix, à la
feule infpéction. De manière que le difciple n'a pas befoin, pour nommér ces filabes, d'articulér ni des fons étrangérs, ni
même les létres qui les compofent féparément, comme par l'anciénne Méthode, il
dit tout d'un coup, *in*, *on*, *an*, *au*, *un*, *eau*.
Ainfi voilà, comme l'on voit, un grand
chemin de fait, car enfuite nommant les
létres & les filabes, il fait lire préfque auffi-
tôt ; c'eft ce que nous alons faire fentir

dans un moment, bien mieux, par la manière d'épelér.

On leur explique aussi les létres triples & quadruples, qui se prononcent de même tout à la fois. Il faut leur faire sentir chaque son de ces létres & silabes par un éxemple & un petit raisonnement, qui serviront beaucoup à soulagér leur mémoire & à aidér leur intélligence, car il est nécéssaire de se rendre petits avéc les petits, de se proportionnér à la portée de leur ésprit & au dégré de leur capacité.

Il faut faire lire à l'enfant tous les principes de céte Méthode, sans attendre qu'il sache parfaitement chaque leçon séparément, car le tout vient à la fois, avéc l'usage. Un précépte important est de répétér souvent à l'enfant ce qui fait l'objet de son étude, de ne point se lassér de le lui remétre devant les yeux. Il est à craindre qu'il ne se rebute & qu'il ne se décourage, si vous ne le conduisés, pour ainsi dire, par la main, & si vous ne revenés continuéllement sur vos pas avéc lui.

De ces principes, on passe à la manière d'épelér, qui n'est présque autre chose, que de coupér les mots en silabes, afin d'en facilitér la lécture. Comme les enfans ne pouroient pas embrassér dès les commencemens ces mots tout à la fois & d'un seul coup d'œil, il faut donc les leur divisér en

petites parties, & c'eſt ce qu'on apéle épelér ; enſuite leur faire joindre les ſilabes,
pour en formér des mots.

Lorſqu'un mot embaraſſe un enfant, il
eſt bon de détachér encore quélques létres
des ſilabes, afin de ſoulagér ſa concéption.
Je donnerai dans peu pluſieurs éxemples
de céte maniére d'épelér, que l'on métra
en pratique dans les premiérs livres, chacun
ſelon la concéption plus ou moins vive du
diſciple.

Lorſqu'on commence à faire épelér un
enfant, il faut avoir ſoin quand il ſe trompe, de lui montrér dans ſes principes, la
létre ou la ſilabe à laquélle il manque, parce
que cét enfant, à qui on a rebatu ſes principes, s'en reſſouvient bien mieux lorſqu'il
les voit raſſemblés dans ſon livre d'étude,
que dans un livre qui lui eſt inconnu, il a
bien plus de peine à les démêlér parmi les
mots de ce livre inconnu, que dans ſes principes ; la place même où il les voit lui aide
à s'en ſouvenir : enfin, il faut avoir recours
à mille petites ruſes pour fixér leurs idées,
& pour aplanir les dificultés qui ſe rencontrent dans les commencemens, toûjours
très-péniblés, quélque bonne Méthode que
l'on puiſſe employér.

Il faut métre les enfans à la lécture de
bonne heure, ſans atendre qu'ils ſachent
entiérement épelér, parce que le tout vient

à la fois ; on peut les faire lire au bout d'un mois, & même plutôt.

Il eſt à propos de leur changér de livres ſouvent, afin que leur vue s'acoutume avéc des caractéres de diférentes grandeurs. Quoiqu'on les faſſe lire, il ne faut pas oubliér de leur rebatre tous leurs principes chaque jour, en commençant par l'alphabet, juſqu'à ce qu'ils ſoient forts.

Il faut commencér les enfans par le François, comme ils entendent prononcér dans la convérſation une bonne partie des mots, la connoiſſance qu'ils en ont, ſoulage leur mémoire, aide leur intélligence, leur donne du goût pour la lécture, & ils font dans la lécture du François un progrès bien plus rapide, que ſi on commençòit par célle du Latin. Ils ſe plaiſent à trouvér dans le François des mots qui leur ſont connus, au lieu que le Latin étant pour eux une langue barbare, la lécture en eſt, dans les commencemens, plus dificile & plus rebutante.

Ils trouvent deux avantages à commencér par le François. Premiérement, ils aprénnent bien plus facilement & plus promptement. En ſecond lieu, lorſqu'ils ſavent lire céte langue, il ne leur faut qu'un mois d'éxércice tout au plus, ſelon nos principes, pour les faire bien lire en Latin, au lieu que lorſqu'ils ſavent lire la langue La-

tine , il leur faudroit préfque autant de
tems pour lire le François , que s'ils ne favoient rien , à peu de chofe près.

Nous avons promis de démontrér les
défauts de l'anciénne Méthode , & les qualités de la nouvélle : trois éxemples vont
métre tout homme dégagé de prévention ,
en état de jugér céte quéftion , par l'éxpo-
fition du fait. Prenons le mot , *homme* ,
épelons-le , par l'anciénne Méthode , & enfuite par la nouvélle.

## PREMIÉR EXEMPLE.

Pour parvenir à faire prononcér ce mot
à un enfant qui n'a aucune connoiſſance ,
* on lui dit d'abord | *ha - ch* $1. \frac{1}{2}.$ | Premiére-
ment , voyons quél raport il y a entre le
fon du mot , *homme* , & le fon de la létre, *h*,
quélle articulation céte létre produit-élle
dans l'imagination de cét enfant ? Peut-
on dire raifonnablement qu'il y ait. quélque convenance entre ces fons? Je ne crois
pas qu'on ofe l'avancér. En fecond lieu ,

---

on lui dit, | *o* | à l'égard de ce son, il est | *2.* |

véritable, parce que le son des voyéles ne change point, & c'est aussi le seul qui ait du raport au son contenu dans ce mot *hom-me.* Poursuivons, on fait dire encore à cét enfant

| *é - m* | *o - m* | *é - m* | *é,* | *me* | *homme* |
|---|---|---|---|---|---|
| 3. $\frac{1}{2}$. | 4. $\frac{1}{2}$. | 5. $\frac{1}{2}$. | 6. | 7. | 8. $\frac{1}{2}$. |

Ainsi, pour faire trouvér à cét enfant un son & demi, dont le mot *homme* est composé, on lui fait articulér dix sons & demi, car suivés-moi, & vous les trouverés tous, en obsérvant les sons & les demi-sons articulés par la voix, ainsi qu'ils sont chifrés : de ces 10 sons & demi, il y en a 9, totalement étrangérs & même barbares, par raport au son véritable du mot. Excépté le seul son de l'*o*, qui est articulé tél qu'il doit être, tous les autres sont impropres, & ne sérvent qu'à écartér les idées justes que cét enfant doit avoir du son de ce mot.

On voit que ce n'est point avéc le secours des principes de l'anciénne Méthode, qu'il parvient à le prononcér, au contraire, ils ne sérvent qu'à lui remplir l'ésprit de confusion, à chargér sa mémoire inutilement : on voit qu'il ne l'articule qu'à force de le lui répétér pendant un grand éspace de tems

& à force de routine : au lieu que par la nouvelle, l'enfant inftruit de fes principes, fur lefquèls il n'eft jamais plus de 15 jours ou un
mois, fait qu'il n'y a que l'*o*, qui fe prononce,
& la moitié du fecond, *m*, & il dit tout d'un
coup

$$\boxed{\begin{array}{c} homme \\ 2. \ \frac{1}{2}. \end{array}}$$

en un fon & demi.

Non feulement l'enfant ne prononce pas
tous ces fons impropres, qui ne font que
brouillér fes idées, mais il n'articule précifément que ce qui doit être entendu.
Or on peut jugér par ce petit éxemple,
du caffe-tête d'un enfant qui aprend à
lire, en faifant atention qu'il eft obligé
d'articulér toujours de céte maniére, peut-
être quarante mille mots, dont notre langue eft compofée : quèlle multiplicité d'ê-
tres de raifon & d'opérations inutiles ! Il
n'y a plus que le tems confidérable, & des
éfforts prodigieux de mémoire, qui puiffent
le foûtenir dans les voies impraticables, &
dans les circuits pérpétuèls, par où on le
fait paffér.

On dira peut-être, mais comment cét
enfant, par votre Méthode, poura-t-il
connoître dans ce mot, *homme*, les létres
qu'il faut prononcér, & cèlles qu'il faut
taire ? Voici comment on s'y prend : on lui
dit, la létre, *h*, ne fe prononce jamais, on

conſérve ſeulement pour l'Ortographe *(a)* :
enſuite on lui dit ; lorſqu'il y a deux , *m* , ou
deux , *n* , de ſuite dans un mot, on ne prononce que la moitié du dérniér : & à l'égard de
l'*e*, on lui dit ; toutes les fois que vous voyés
un , *e* , ſans accent , on l'apéle muët , & il ne
ſe prononce point.

Au moyen de ces petites obſérvations ,
qu'on lui fait lorſqu'élles ſe préſentent , &
avéc le ſecours de la pratique , il va ſurement , il ne ſe trompe point , & il ne prononce diréctement que les ſons nécéſlaires,
ce qui rend ſes idées ſimples , claires , né-
tes , diſtinctes , & ſoulage infiniment ſa mémoire.

Il eſt vrai que dans les mots compoſés
d'un plus grand nombre de ſilabes , comme
au mot *invinciblement* , on eſt forcé , pour
épelér , d'articulér quélques ſons inutiles ;
mais ils ſont ſi abrégés en comparaiſon du
grand nombre de ſons que l'anciénne Méthode force d'articulér inutilement , que dès

--------

*(a)* A propos de ce mot *Ortographe* , que cét enfant ne
comprend ſurement pas , il faut lui expliquér ce que c'eſt
qu'*Ortographe* ; la définition en eſt bien ſimple : il faut lui
dire que l'*Ortographe* eſt la ſcience qui enſeigne à écrire corréctement les mots , & avéc toutes les létres convenables , &
nécéſlaires.

Il faut auſſi lui expliquér tous les mots qu'il n'entend pas,
à meſure qu'ils ſe préſentent. Cela lui forme le jugement ,
lui aplanit beaucoup de dificultés ; il lira bien plus facilement & bien plus promptement , lorſqu'il concevra ce qu'il
lira.

C

que l'enfant fait fes principes, qui fe rédui-
fent ordinairement à 15 jours d'éxercice
ou un mois au plus tard, il eft en état d'é-
pelér : & lorfqu'il fait un peu épelér, il prononce de lui-même les fons du mot ; au lieu
que par l'anciénne maniére, ce n'eft qu'à
force de lui répétér les mots pendant un
tems confidérable, qu'il parvient à les devinér, car il ne les fait jamais méthodique-
ment,

## SECOND EXEMPLE.

Pour fecond éxemple, épelons ce mot,
*invinciblement*, par l'anciénne Méthode, &
enfuite par la nôtre, & nous connoîtrons
de plus en plus par ce paralléle, le circuit
prodigieux que l'enfant eft forcé de faire
par l'anciénne maniére, & au contraire,
combien la nôtre eft facile, abrégée & na-
turéle.

Par l'anciénne Méthode, on fait articulér à un enfant 35. fons & demi, pour
parvenir à en trouvér 5. feulement, qui
font, *in-vin-ci-ble-ment*, dont tous les autres
     1. 2. 3. 4. 5.
font impropres ; ainfi voilà 30 fons & demi d'inutiles. Suivant la nouvélle Méthode, on n'en articule que 7. ce qui ne fait
que deux de plus qu'en lifant ; encore ont-ils
une fi grande analogie & un fi grand raport
avéc les véritables fons du mot, que l'enfant

se trouve comme forcé de nommér & de lui-
même, les vrais sons de ce mot, dès qu'il l'a épelé. Pour être convaincu de céte vérité, il ne
faut que me suivre pas à pas. On dit par
l'anciénne Méthode,

| *i* | *é-n* | *in* | *v* | *i* |
|---|---|---|---|---|
| 1. | 2. ½ | 3. | 4. | 5. |

| *é-n* | *vin* | *in-vin* | *cé* | *i* | *ci* | *in-vin-ci* |
|---|---|---|---|---|---|---|
| 6. ½ | 7. | 8. 9. | 10. | 11. | 12. 13. 14 | 15. |

| *bé* | *é-l* | *é* | *ble* | *in-vin-ci-ble* | *é-m* |
|---|---|---|---|---|---|
| 16. | 17 ½ | 18. | 19. | 20. 21. 22. 23. | 24, ½ |

| *é* | *é-n* | *té* | *ment* | *in-vin-ci-ble-ment* |
|---|---|---|---|---|
| 25. | 26. ½ | 27. | 28. | 29. 30. 31 32. 33. |

On voit qu'en comptant les sons & les
demi sons articulés par la voix, ainsi qu'ils
sont numérotés, il y en a 35. & demi, savoir, 33. de pleins & entiérs, & 5. demis.

Or, quél étrange circuit ne faut-il pas
faire selon l'anciénne Méthode, pour parvenir à lire un seul mot ? Quél casse-tête
pour un petit enfant qui n'a aucune connoissance ? Combien sa tendre mémoire ne
se trouve-t-élle pas chargée & embarassée
de sons étrangérs & d'opérations inutiles,
pour parvenir à trouvér 5. sons seulement
de nécéssaires ?

Il faut encore remarquér que si un enfant
prononce à la fin les cinq sons véritables de
ce mot, ce n'est pas avéc le secours des prin-
c ij

cipes de cête anciênne Méthode, comme
on l a déja obfervé, c'eft malgré lui, puiſqu'ils le détournent des vrais fons du mot,
& ne l'y laiſſe arrivér qu'en le faiſant paſſér
par des fons diférens & opófés , qu'on lui
fait aprendre & articulér d'abord, pour les
oubliér enſuite, avant de dire les fons des
mots : ce n'eſt encore un coup, qu'après
avoir prononcé ces fons étrangérs, qu'on
le force à devinér les vrais fons de ces mots,
qui en font le réſultat : on dit *devinér*, car
il n'a aucuns prinçipes pour les favoir mé-
thodiquement.

Préfentement, épelons ce même mot,
felon les principes de la nouvélle Méthode. Dans les premiérs commencemens, on
montre à un enfant, avéc le bout d'une
touche , les deux premiéres létres de ce
mot , & on lui demande quél nom, ou
quél fon, élles produifent enſemble ; il ré-
pond, | *in* 1. | Cela eft conforme à fes princi-
pes , ainſi il ne fauroit fe trompér. En-
fuite on lui montre la létre | *v* 2. | , qu'il
prononce, *vi*, comme s'il y avoit *veu*. On
lui montre encore les deux létres fuivan-
tes , il dit | *in* 3. | On continue de lui mon-

trér les deux qui fuivent, il dit encore &
d'une feule voix, | *ci* | On lui montre de
| 4. |

même les trois fuivantes, qu'il nomme | *ble* |
| 5. |

toûjours articulées enfemble & d'une feule
voix : tout cela eft conforme à fes principes ; il a une idée de ces fons très-claire &
très-diftincte, ainfi il n'eft point embaraffé.
On lui montre encore la létre | *m* | qu'il
| 6. |

nommé *me*. Enfuite les trois dérnières, qu'il
nomme | *ent.* | Tout cela, on le répéte, eft
| 7. |

conforme aux fons qu'il connoît & qu'il articule dans fes principes : il dit donc pour
épelér, | *in-v-in-ci-ble-m-ent.* | De maniére
| 1. 2. 3. 4. 5. 6. 7. |

qu'il n'articule que 7. fons en tout, pour
épelér ce mot, dont deux paroiffent un
peu durs à l'oreille, & fortent de la véritable prononciation, favoir le deuxiéme fon
& le fixiéme ; mais un petit raifonnement
qu'on lui fait le tire d'embaras, & le porte
à réctifiér de lui-même, ces deux fons en
lifant.

On lui dit : ce mot compofé de cinq filabes fe doit prononcér auffi en lifant, en

30 *PREFACE.*

5. fons feulement : au lieu de dire $\begin{array}{cc} v\text{ - }in \\ 1. & 2. \end{array}$

on lui fait dire tout d'un coup $vin$ en unif-

fant & confondant céte premiére létre avéc les deux fuivantes , pour n'en faire qu'un fon. Au lieu de dire , $\begin{array}{cc} m\text{ - }ent \\ 1. & 2. \end{array}$ en deux tems,

on lui fait dire $ment$ encore tout d'une

voix. On lui explique ce que c'eft qu'épe-lér , on lui dit qu'on n'en ufe ainfi avéc lui dans les commencemens , que pour lui fa-cilitér la léǎture , & que fi on lui fait cou-pér ce mot de céte maniére, & prononcér les létres, $v$, &, $m$, féparément de leurs filabes , ce n'eft que pour lui rendre l'affem-blage de toutes ces filabes , plus fenfible & plus aifé.

Ainfi, lorfque cét enfant fait le nom des létres & celui de quélques doubles , triples & quadruples, contenues dans fes principes, en très-peu de jours il parvient à épeler, & préfque auffi tôt, il prononce tous les mots naturélement & de lui-même ; car on voit des enfans qui lifent, même dès ces com-mencemens, tous les mots, fans qu'on les leur ait dit auparavant, ce qui ne peut ja-mais arivér par l'anciénne Méthode, puif-que les fons des létres font quafi toûjours,

ŏpofés aux fons renfèrmés dans les mots, &
qu'au lieu d'aidér les enfans à les trouvér,
ils leur forment un obftacle invincible.

On dira : pourquoi, en épelant, faites-
vous entendre des fons inutiles, comme
dans ce mot, *invinciblement*, où vous nommés les létres, *v*, & , *m*, féparément ? Que
ne joignés-vous ces deux létres à leurs filabes, & ne faites-vous prononcér chaque filabe d'une feule voix, & au lieu de dire, *v-in*
1. 2.
en 2. fons, que ne faites-vous dire tout d'un
coup, *vin ?* Au lieu de dire, *m-ent*, que ne
1. 2.
faites-vous auffi articulér céte filabe, *ment*,
d'une feule voix ? Cela vous épargneroit
ces deux fons inutiles, iroit tout d'un
coup au fait, & l'enfant ne prononceroit
dans ce mot que les cinq fons défirés, qui
font, *in-vin-ci-ble-ment.*
1. 2. 3. 4. 5.
A cela je réponds, que la chofe feroit pof-
fible, & même par là, l'enfant n'articuleroit
éfféctivement que les cinq fons nécéffaires,
c'eft même la meilleure Méthode, & que je
confeillerois à ceux qui n'en ont point d'autres, mais il eft plus à propos de détachér
quélquefois les létres de leur filabe dans les
commencemens, parce que, fans ces divifions, il faudroit que les principes de céte
nouvélle Méthode fuffent compofés d'un
nombre infini de filabes, qui formeroient

des volumes : au lieu que suivant ces divisions & avéc le secours de l'usage, l'enfant
parvient bien plus vîte à avoir une idée juste de la léĉture & à la comprendre, que si
on ne faisoit simplement que lui faire nommér les silabes tout à la fois : outre que de
céte dérnière façon, il ne liroit jamais bien,
& il résteroit sur la moitié des mots pendant plusieurs années, sans pouvoir les lire, comme on l'éprouve tous les jours par
l'anciénne Méthode.

# TROISIEME EXEMPLE.

Pour troisiéme éxemple, épelons le
mot, *leurs*, & nous vérrons par la Méthode anciénne, que les sons des létres, n'ont
aucune analogie, ni aucun raport, avéc le
son de ce mot, & par conséquent qu'il y a
impossibilité qu'un enfant puisse le trouvér
si on ne le lui nomme, après qu'il l'aura
épelé.

Pour épelér ce mot selon l'anciénne
Méthode, on fait dire à un enfant,

| é – l | é | u | é – r | é – s |
|---|---|---|---|---|
| 1. $\frac{1}{2}$. | 2. | 3. | 4. $\frac{1}{2}$. | 5. $\frac{1}{2}$. |

Voilà, comme
l'on voit, six sons & demi, pour parvenir à
prononcér ce mot, qui sont totalement barbares & étrangérs, par raport au son véritable contenu dans ce mot, *leurs :* car,

qu'on faſſe tout ce qu'on voudra, il ne ſe poura jamais qu'aucuns de ces ſons aprochent de celui qui eſt renférmé dans ce mot : * il eſt évident au contraire, qu'ils y ſont totalement opoſés ; cependant on veut qu'un enfant devine que tous ces ſons étrangérs veulent dire, *leurs :* & de ce qu'il ne devine pas ce ſon du mot, on le maltraite beaucoup ; céte conduite n'eſt-élle pas bien équitable ?

Par notre Méthode, pour épelér ce mot *leurs*, on fait nommér la premiére létre au diſciple, il prononce comme s'il y avoit *le*, ou *leu :* enſuite on lui montre les 4 autres létres qui ſuivent, qu'on lui fait articulér tout à la fois, il dit comme s'il y avoit, *eure*, car il ſait que la dérniére létre de ce mot ne ſe prononce pas : il dit pour épelér,

| |
|---|
| *l-eurs* en deux ſons ſeulement. Et pour |
| I. 2. |

lire, on lui dit, joignés la premiére létre avéc les autres, & prononcés ce mot d'une ſeule voix, il dit tout d'un coup, *leurs*, ſans qu'on ſoit obligé de le lui nommér auparavant, comme par l'anciénne Méthode.

---

* *Nota.* Il faut remarquér que ce ſon, *leurs*, eſt un ſon arbitraire qu'il a plu à nos Péres de donnér à l'aſſemblage de ces létres, car on auroit pu dire, *chapeau, chien, chat*, tout auſſi-bien que, *leurs*, c'eſt-à-dire, que ce ſon, *leurs*, n'eſt point naturéllement le réſultat, de l'aſſemblage du ſon de ces létres,

Ces deux sons qu'il articule en épelant, font conformes à ses principes, ils ne lui font point étrangers : au contraire, il se trouve comme forcé de prononcér le vrai son du mot, aussi-tôt qu'il l'a épelé, ce qui est impossible par l'anciénne Méthode, ainsi qu'on vient de le démontrér. Quélle justésfe, & quélle briéveté !

Toute l'opération qu'on fait faire à cét enfant pour lire ce mot, est de prononcér seulement ce qu'il sait, & ce qu'il a apris dans ses principes. Il connoît ces caractéres & le son qu'ils produisent : l'idée qu'il en a, est très-éxacte, & il n'a aucun embaras : au lieu que par l'anciénne Méthode, tout lui sért d'obstacle : plus il épéle, c'est-à-dire, plus il nomme les létres, & plus il s'écarte du son de ce mot : car épelér, par céte ananciénne Méthode, n'est autre chose que de nommér les létres, qui ont un son tout oposé à ceux des mots : c'est le Maître qui ensuite prononce les silabes & les mots, que l'Ecoliér répéte d'après lui.

Il ne faut rien oubliér de tout ce qui peut aidér les enfans, & leur aplanir toutes les dificultés qui se présentent, & il ne faut pas négligér les choses qui paroissent les plus petites : au contraire, il faut entrér avec eux dans un grand détail. Par éxemple, dans les commencemens, ils confondent ordinairement dans l'alphabet, les létres, *b*, &

*d :* les lètres, *f*, &, *ſ*: *p*, &, *q*. Il faut leur dire pour les fixér, que les lètres, *b*, & *d*, on bien la queue tournée par en haut, mais avéc cète diférence, que le, *b*, a la panſe tournée du côté droit, & que le, *d*, l'a à gauche. Enſuite, que les lètres, *f*, &, *ſ*, ſont faites de même, mais que la lètre, *f*, a une petite tranche qui la diſtingue : que les lètres, *p*, &, *q*, ont la queue en bas, mais que le, *p*, a la panſe tournée à droite, & que le *q*, l'a à gauche, & ainſi des autres, à meſure qu'élles ſe préſentent.

Toutes ces petites remarques qu'on leur répéte ſouvent, fixent leurs idées, & ſecourent beaucoup leur mémoire.

Le moyen que la leçon réuſſiſſe, eſt de la faire le plus doucement qu'il eſt poſſible, car il ne faut rien, pour troublér & déconcértér le petit peuple Enfantin ; on ne ſauroit trop le ménagér, trop ſe raprochér de lui, trop ſe rapetiſſér, pour ainſi dire : les leçons des enfans devroient reſſemblér plutôt à des entretiens familiérs, & faits ſeulement dans le déſſein de les amuſér, qu'à une étude contrainte & gênée, qui leur eſt toujours fort à charge, à cauſe de la légéreté de leur éſprit, & de la vivacité de leur imagination.

On peut commencér la lècture dès qu'un enfant commence à articulér les mots, il n'eſt pas nécéſſaire d'atendre qu'il parle parfaitement, au contraire, cét éxércice luî dénoue la langue, facilite & avance de beaucoup fa prononciation.

J'ai vu des enfans d'un an, qui demandoient tout, fort intélligiblement, & qui auroient été en état de commencér la lécture ; il eft vrai que ces éxemples font éxtrêmement rares, mais ils arivent quélquefois.

Avéc de la patience, on parviendra à les faire lire corréctement dans tous les Livres François & Latins, par céte Méthode, en l'éfpace de trois mois, quélquefois en fix femaines, fur-tout fi on eft éxact à les faire travaillér tous les jours réguliérement & fans intérruption. Mais une chofe éffentiélle, & que je confeille aux Parens qui voudront enfeignér leurs enfans fuivant céte Méthode, eft de leur métre la plume à la main dès qu'ils commencent la lécture, & de les faire écrire, quélques jeunes qu'ils puiffent être : cét éxércice les fortifiera beaucoup, & les avancera éxtraordinairement. Il eft bon de leur faire écrire toutes leurs leçons, à mefure qu'ils les aprénnent.

Mais pour éxécutér le confeil que je donne ici, il ne faut pas que les Parens chérchent à ménagér. Comme cela demande plus de foins, plus de tems & plus de capacité de la part des Maîtres, il faut auffi les récompenfér à proportion. Malheureufement dans le fiècle où nous fommes, quoique la bonne éducation des enfans foit le bien le plus précieux de la vie, néanmoins on ne voit que trop de Parens, négligér céte partie, & méme, fi j'ofe le dire, la méprifér : ils s'imaginent que leurs enfans commenceront toujours trop tôt, & qu'ils en fauront toujours beaucoup trop.

Ils font davantage : ils ne refufent pas fix livres par leçon, & fouvent plus, à un Maître de danfe, & ils refufent vingt fols, à celui qui prend le foin de l'éducation de leurs enfans : comme s'il n'étoit pas auffi éffentiél & auffi honorable, dans le commérce de la vie, de favoir bien lire, bien écrire, fa Religion, fa Langue, l'Ortographe, le Latin, la Géographie, &c. comme de favoir faire une capriole ou un pas de rigodon ; quél aveuglement ! Que de comptes ils auront à rendre un jour !

Beaucoup de gens bornés font confiftér la bonne éducation, dans quélques pas de ménuet, ou dans quélques notes de mufique, & ils méprifent tout le réfte.

Céte digréffion m'a mené plus loin que je ne penfois, revenons à notre fujet, Il ne faut pas faire copiér aux enfans les caractéres imprimés de leur livre de lécture, mais d'après des éxemples qu'on leur fera à la main, d'abord en létre bâtarde, enfuite en coulée, afin de leur donnér tout d'un coup ce qui leur eſt nécéſſaire.

Il faut leur menér la main dans les commencemens, & leur tracér les létres avéc du crayon. On leur fera d'abord paſſér la plume par-deſſus ces létres ſans encre, pour qu'ils s'acoutument à voir pliér leurs doigts en ſuivant ces létres tracées, après quoi ils les rempliront avéc de l'encre, & cela dans le même jour.

Il faut avoir grand ſoin de les faire bien poſtér en écrivant, de leur bien faire tenir la plume, & de prendre garde qu'ils ne la ſérrent trop, il vaut mieux dans ces commencemens qu'ils écrivent plus mal, pourvû qu'ils le faſſent librement, facilement & de bonne grace, au moyen de quoi, ils ſavent lire & écrire en même tems.

Pluſieurs s'imagineront peut-être, que c'eſt gâter la main aux enfans, que de les faire écrire de ſi bonne heure, mais rien n'eſt plus faux, puiſqu'on peut, dès céte tendre jeunéſſe, comme dans un âge plus avancé, leur donnér tous les enſeignemens néceſſaires pour bien tenir leur plume, & pour bien ſe poſtér, ſelon les régles établies par le bél uſage : ils acquiérent au contraire une pratique & une conſommation, qui leur ſont très-néceſſaires.

Voilà en général, à quoi ſe réduit céte

Méthode ; en la fuivant, on fera furpris du progrès : non-feulement elle eft courte, facile, abrégée & très-prompte, mais encore elle conduit à une belle prononciation, même à une Ortographe réguliére & fure, ce qui ne fe peut par l'anciènne Méthode, à moins d'y employér particuliérement un grand nombre d'années.

Lorfque l'on voudra faire l'expérience qui a été faite nombre de fois, fur deux fujets de même âge, dont l'un aprendra par la nouvélle Méthode, & l'autre par l'anciènne ; on fera étonné de la fupériorité du difciple de la nouvélle.

Malgré tous les principes que l'on a établi, & la bonté de céte Méthode, il ne laiffe pas encore de fe trouvér plufieurs dificultés, même très-embaraffantes, fur-tout pour un enfant qui n'a aucun commencement, mais il faut avoir grand foin de les lui levér par de petits raifonnemens, & fur-tout par la pratique, qui eft la Mére des Sciences.

On pouroit corigér un grand abus & réformér beaucoup de défauts qui fe rencontrent dans l'Ortographe de la Langue Françoife, qui trompent les enfans, les Etrangérs, & toutes les perfonnes qui n'ont point d'études ; par-là, on rendroit les principes de céte Méthode encore bien plus faciles & plus conftans ; mais éxcépté un accent pérpendiculaire, que j'ai introduit, pour les raifons que je dirai dans la fuite, je laiffe les chofes dans l'état où elles font, parce qu'il y auroit trop à réformér. Je donne feulement au Public, une Méthode déja jugée, par tous nos Journaux & tous nos Savans, la feule qu'il y ait pour arivér furement à la connoiffance de la lécture & de l'Ortographe, par le chemin le plus court, le plus facile, & de la manière la plus parfaite,

SECONDE

# SECONDE PARTIE.

*CONTENANT LES PRINCIPES de cète Méthode, sa manière d'èpelér. La raison de quèlques accens qu'on voit ici, qui ne sont pas dans les autres Livres. Une observation sur la lèCture du Latin. Un Abrégé de la Quantité. L'Idée de l'Univèrs, &c: & quèlques autres Parties.*

## *Explication des Principes.*

## CHAPITRE I.

**L**E s lètres se divisent en voyèles & en consonnes. La voyèle èst une lètre qui forme toute seule le son qui èst articulé par la voix humaine. Il y en a 5. qui sont : *a, é, i, o, u*: qui forment les seuls sons de la Langue Françoise.

Les consonnes sont des lètres muètes de leur nature, & qui ne produisent aucun son par èlles-mêmes, à moins qu'èlles ne soient jointes à une voyèle. Il y en a 20. qui sont, *b, c, d, f, g, h, j, k, l, m, n, p, q, r, s, t, v, x, y, z.* Le nom le plus naturèl pour les exprimér, èst de joindre un, *e*, muèt à la fin de chacune; en ce cas, èlles formeront les sons qui suivent, *be, ce, de, fe, ge, he, je, ke, le, me, ne, pe, qe, re se, te, ve, xe, ye, ze*; ou si on l'entend mieux de cète façon, *beu, ceu, deu, feu, geu, heu, jeu, keu, leu, meu, neu, peu, qeu, reu, seu, teu, veu, xeu, yeu, zeu.*

Dans l'Alphabet qui fuit, page 55. on a mis au-
deffus de chaque lètre confonne, en caractére italique, le fon ou le nom qu'élle doit avoir, pour guidér ceux qui ne font pas dans l'habitude de nommér
les lètres de céte manière, car les enfans n'ont bé-
foin que du caractére Romain, qui eft fimple.

Dans les Leçons 3, 4, 5, 6, 7 & 8me. on a marqué auffi en caractére Italique, au-deffus de chaque filabe, les fons qu'élle produit, non pour les
enfans, mais pour ceux qui les inftruifent.

Quoiqu'on ait mis des unions entre ces caractéres Italiques, comme pour féparér les filabes en
deux, il ne faut pas cependant nommér la filabe en
deux tems, mais au contraire d'une feule voix : on
n'a fait ces féparations, dans ces lètres Italiques,
que pour mieux faire fentir la valeur des fons.

On n'a mis ces caractéres Italiques, au-deffus de
plufieurs filabes, que pour guidér ceux qui pouroient ne pas fe rapelér leurs fons, attendu que ces
filabes étant féparées des mots, il eft plus mal-aifé
de s'en reffouvenir. Les chofes les plus fimples paroiffent dificiles à ceux qui ne font pas dans l'ufage
de les pratiquér : c'eft pourquoi on n'a rien oublié,
de tout ce qui peut facilitér.

Avant de faire prononcér ces filabes à un enfant,
il faut lui faire remarquér de quoi élles font compofées, fi élles le font d'une lètre ou de plufieurs.
Il faut les lui faire nommér quélquefois féparément,
pour voir s'il les connoît, fur-tout dans les commencemens. Il faut encore lui faire remarquét les
accens, leur valeur, lui faire obférvér éxactement
les fons brèfs ou longs, felon que ces filabes font
marquées. Ce précepte eft important, c'eft ce qui
lui donnera dans la fuite, une béllé prononciation,
foit en lifant ou en parlant.

Il faut faire lire, tous les jours, à l'enfant & le
plus fouvent que l'on poura, toutes les lètres & fi-

labes contenues dans les principes de cête Méthode, qui confistent dans 8 Leçons, pendant un mois ou deux, quand même il commenceroit à lire paffablement, parce que cela le fortifiera beaucoup, mais il faut avoir grand foin, de lui faire articulér chaque fon des létres ou filabes, d'une manière bien pure, fi on veut dans la fuite, qu'il prononce corréctement, car les organes de fa voix, dépendent de ces commencemens.

Dans la quattième Leçon, on voit à la troifième ligne, deux filabes de fuite, compofées des mêmes létres, & cependant qui font marquées au-deffus, en caractére Italique, d'un, *e*, diférent, ce qui marque une diférente prononciation, ce font les filabes, *ai*, c'eft qu'êlles changent de fon, fuivant les divèrs mots où êlles fe trouvent placées. Par éxemple : la premiére, a le même fon que l'*é*, marqué d'un accent aigu, pour faire connoître que c'eft là, le fon qu'êlle produit en cèrtains mots, & la même filabe qui la fuit, compofée des deux mêmes létres, a au-deffus, un, *è*, marqué d'un accent pèrpendiculaire, pour marquér qu'êlle a le fon plus ouvèrt en d'autres mots, comme dans *j'aime*.

Il y a auffi des mots, où cête même filabe produit ces deux fons diférens, comme dans *j'ai-mai*, qu'il faut prononcér, comme s'il y avoit *j'é-mé*.

Il eft préfque impoffible d'éxprimér par écrit, les fons mouillés de la Langue Françoife, autrement que par l'ufage & par des éxemples, atendu l'Ortographe ordinaire que l'on conférve, c'eft pourquoi, on a mis à la fin des Leçons 4. 5. 6. 7. & 8e. quèlques mots, d'où font formées les filabes dificiles, tant mouillées, que célles qui ne le font pas, afin d'en rapelér les fons plus facilement. Le chifre marqué au-deffous de quèlques filabes, renvoye au bas de la page, au mot d'où êlle eft tirée.

Ces remarques ne font faites, que pour fixér ceux qui enfeignent, car les enfans n'ont befoin que de beaucoup de pratique, jufqu'à ce qu'ils fachent lire.

---

# OBSERVATION

## *Sur l'accent pèrpendiculaire qu'on voit fans cèt Ouvrage, & fur quèlques accens aigus.*

# CHAPITRE II.

COMME on n'avoit point vu encore d'accent pèrpendiculaire avant notre Méthode, il faut l'éxpliquér ici,

Dans la Méthode imprimée en 1741, d'oû cèt Alphabet eft tiré, on trouve au Traité des Accens.

*Nous avons pour principe, de marquér d'un accent, tous les, e, ouvèrts, ( c'eft-à-dire, ceux qui fe prononcent) foit aigu, grave, ou circonflèxe, pour éxprimér leurs diférentes prononciations, fuivant & conformément à l'ufage, fi ce n'eft à la fin de cèrtains mots, encore devroit-on les marquér auffi : il n'y a que les, e, muèts, qu'on ne dòit pas marquér d'accent. Il eft vrai que par là, on rifque de donnér à quèlques, e, en lifant, une prononciation plus ouvèrte qu'ils ne l'ont naturèllement, felon le bon ufage, mais ce n'eft pas la faute de notre Méthode, c'eft cèlle de notre Ortographe, qui n'a pas affés d'accens pour éxprimér les diférens fons des, e, car il y en a qui fe prononcent d'une voix un peu plus ouvèrte que ceux marqués de l'accent aigu, & pas tout à fait tant, que ceux marqués de l'accent grave : ainfi on devroit créér un accent pèrpendiculaire, pour éxpri-*

mér ces sons mitigés ou mitoyens, c'est-à-dire, qui
tiénnent le milieu, en ce cas, nous ne tomberions pas
dans la faute, de métre des accens graves, où il n'en
faudroit que de pérpendiculaires.

Je sai bien que la plupart des Grammairiens donnent des régles pour la prononciation des, e, ouvérts,
qui ne font point accentués ; mais outre que ces régles
font très-longues, embarassantes, pleines d'éxcép-
tions, même arbitraires, & qu'élles ne font pas à la
portée de toutes fortes de pérsonnes, il feroit bien plus
facile d'augmentér ces, e, d'un accent qui en détér-
minât la prononciation juste en lisant. Cét accent de-
viendroit une régle sure, sensible, très-prompte, &
qui feroit à la portée de tout le monde, même des pé-
tits enfans, &c.....

En éffét, toutes les régles qu'on a données, pour
la divérse prononciation de l'*e*, font impraticables.
Il est impossible en parlant ou en lisant, de faire
atention à chaque létre ou silabe, & de voir si
élles font comprifes dans la régle ou dans l'éxcép-
tion.

Depuis l'impréssion de céte Méthode, j'ai fait fondre
éxprès, un, é, marqué d'un accent pérpendiculaire,
dans la troifième Edition de cét Alphabet, faite en
1742. & j'ai continué à m'en férvir ailleurs. Cét accent a été trouvé si utile enfuite, que plufieurs Auteurs de mérite, l'ont auffi demandé aux Imprimeurs, & même plufieurs de MM. de l'Académie.

Avant cét Alphabet, on ne connoiffoit que quatre fortes d'e, en François : favoir, l'é, aigu : l'è,
grave : l'ê, circonflèxe : & l'e, muët : mais au moyen
de notre accent pérpendiculaire, il y en a cinq préfentement.

Si ces accens pérpendiculaires, ne font pas placés
dans cét Ouvrage, régulièrement dans tous les endroits, où ils doivent l'être, il faut avoir un peu
d'indulgence, on fait combien il est dificile d'être

èxact dans l'impréſſion, ſur-tout les Imprimeurs n'é-
tant pas encore dans l'habitude de mètre ces ſortes d'accens, dont pèrſonne ne s'ètoit ſèrvi avant
notre Alphabet imprimé en 1742.

On ſait bien que ceux qui ſont délicats, dans la
prononciation de la Langue Françoiſe, en ſouhaite-
roient encore un diférent, qui ſût entre l'accent
*aigu*, & le *pèrpendiculaire*, pour èxprimér beaucoup d'*e*, qui ont un ſon mitoyen, entre ces deux, *e*,
c'eſt-à-dire, qui ſont plus ouvèrts, que l'*é*, aigu, &
pas autant que l'*è*, pèrpendiculaire, comme au mot
*règulièrement*, où l'on voit que le premiér, *è*, eſt
plus ouvért que l'*é*, aigu, & ſemble ne l'ètre pas
tout-à-fait autant, que l'*è*, *pèrpendiculaire :* il y en
a beaucoup dans ce goût-là.

Malgré céte remarque qui paroît judicieuſe,
& qui nous donneroit 6, *e*, je m'en tiendrai
à l'accent pèrpendiculaire ſeulement, laiſſant le ſoin
de l'autre à des pèrſonnes plus délicates. Je me contenterai préſentement, de marquér d'un accent,
tous les, *e*, qu'on articule en liſant, ſelon la prononciation juſte qu'ils doivent avoir. Je ne réponds pas cependant des fautes d'impréſſion à cét
égard.

On ſera ſurpris de voir auſſi des accens aigus à la
fin des mots qui finiſſent en, *ér*, comme *Boulangér*,
*Patiſſiér*, & aux infinitifs de cértains vérbes, comme, *aimér*, *ſautér :* c'eſt afin de diſtinguér d'un accent, tous les, *e*, qui ſe prononcent, ſuivant la valeur du ſon qu'on leur doit donner, ſoit en parlant,
ſoit en liſant.

Ce qui paroîtra, de plus ſinguliér, c'eſt de voir
ſur un même mot, tantôt un accent pèrpendiculaire, & tantôt un accent aigu, comme *aimèr enfin*,
& *aimér toujours.* En voici la raiſon.

On ſait que le mot qui finit par une conſonne
dbit s'unir en liſant, avéc celui qui ſuit, quand ce

dérniér commence par une voyéle , pour des deux mots , n'en faire qu'un , & qu'on prononce par exemple , *aimér enfin* , comme s'il y avoit en un feul mot , *aimèrenfin :* en élevant un peu la voix , fur le premiér , *e* , mais fi le mot fuivant , commence par une confonne , comme *aimér toujours :* ou que ce mot *aimér* , foit féparé du mot qui le fuit , par une virgule ou un point : on fait encore qu'il faut prononcér ce mot *aimér* , de même que le participe *aimé* , fans prononcér la létre , *r :* c'eft pourquoi on voit , *aimér enfin* , *aimér toujours :* ou *aimér* , *enfin*...

La virgule qui fépare ces deux dérniérs mots , en empêche l'union , & change la prononciation du premiér , *e.*

Voilà la régle générale , mais il y a beaucoup d'exceptions : par exemple , après ces mots , *Patif-fiér* , *Boulangér* , & bien d'autres , quoique le mot fuivant commence par une voyéle , on ne prononce pas la létre , *r* , en liant les deux mots enfemble , pour n'en faire qu'un , & on n'éléve point la voix fur l'*e* , de ces deux mots , on dit comme s'il y avoit *Patiffié* , *Boulangé.* On prononce par exemple *le Pa-tiffiér avoit cuit* , comme s'il y avoit , *le Patiffié avoit cuit.* Ce feroit une faute contre la prononciation , que de dire fuivant la régle générale , *le Patif-fiéravoit* , en réuniffant ces deux mots , pour n'en faire qu'un.

De même , quand la conjonction , *et* , ou *&* , fuit ces mots , *aimér* , *fautér* , & autres femblables , quoi-qu'il n'y ait point de virgule entre , il ne faut pas faire de liaifon , ni joindre ces mots , parce que céte conjonction tient préfque lieu d'une virgule , & change auffi la prononciation , à caufe de la paufe impércéptible , quel'on eft obligé d'y faire en lifant ou en parlant.

Il y a bien d'autres dificultés dans la léčture &

dans la prononciation, qu'un bon Maître enseigne, & qu'on ne peut pas raportér ici,

On voit donc, que ces accens pérpendiculaires aident avéc les autres accens, à fixér la prononciation de ceux qui ignorent la valeur du son de ces, *e*, qui n'étoient point accentués auparavant, & qu'ils leur sérvent de guide, pour savoir ce qu'il faut nommér en lisant, ou ce qu'il faut taire, & comment il faut le prononcér.

Par exemple : dans ces deux membres de phrases, *la félicité de cet Empereur : la sainteté de cet Evèque.* Un étrangér sans faire de faute contre la Langue Françoise, ( on ne dit pas contre la prononciation ) peut prononcér comme s'il y avoit, *la feulicité dé ceute Empéreur,* ou bien, *la félicité dé ceute Empéreur :* cependant il faut prononcér comme s'il y avoit, *la félicité deu cét Empeureur,* mais qu'est ce qui le guidera dans sa prononciation ?

De même il faut prononcér comme s'il y avoit, *la saintemé deu cét évêque :* mais cét étrangér qui ne connoît point la valeur du son de ces, *e*, sur lesquéls il ne voit point d'accens, ni qui ne sait quand il les faut prononcér, ni quand il les faut taire : dit tous les jours, *la saintété dé ceute évêque,* ou *la saintété dé ceute évêque,* ou *deu ceute évêque.*

Il dira pareillement, *Jupitér,* ou *Jupitér,* ou *Jupiteur,* pour *Jupitér.*

Il dira aussi, *vantér,* ou *vanteur,* pour *vantér.* Il dira encore, *du fér,* ou *du feur,* pour *du fér.*

Enfin il dira, *nétété,* ou *nétété,* ou *nétété,* ou *neuteuté,* ou *nétété,* ou *nétété,* ou *néteuté,* ou *nétété,* pour *néteté.*

Il voit des, *e*, marqués avéc des accens & d'autres qui ne le sont pas : & parmi ceux qui ne le sont pas, il y en a cependant qu'il faut prononcér, & d'autres qu'il faut taire : il faut donnér à ceux qu'on

**prononce**

prononce, un fon plus ou moins ouvèrt, rien ne le fixe, au contraire, tout le mèt dans l'embaras & tout l'embrouille.

Il donne un fon, aux, *e*, qui n'en ont point, & prononce comme très-ouvèrts, ceux qui le font très-peu : ce qui fait une cacophonie fingulière, comme on vient de le voir par les éxemples que nous venons de donnér.

On rit fouvent de voir un étrangér prononcér fi mal le François : mais ce n'eft point fa faute, c'eft célle de notre Ortographe, qui n'a pas les fignes néceffaires, pour le conduire dans la prononciation.

Et parmi nous autres François, combien y en a-t-il, même qui ont étudé long-temps, qui faute d'avoir été bien enfeignés, prononcent notre Langue préfque auffi mal que des étrangérs? J'ai vu des Maîtres mêmes, dans ce cas là, quoiqu'ils uffent d'ailleurs beaucoup de mérite.

Selon notre manière, en marquant tous les, *e*, qui fe prononcent, chacun d'un açcent qui leur conviènne, on ne peut plus fe trompér dans la prononciation de ces mots.

A l'égard des, *e*, qui ne font marqués d'aucun accent, cét étrangér fait qu'ils font muèts, & qu'ils ne fe prononcent point : ainfi il ne les nomme pas.

L'éxplication qu'on va trouvér dans l'obfërvation fur la cinquième Leçon, page 51. touchant la valeur de ces 4. *é*, *é*, *è*, *ê* : mètra ceci dans un jouc encore plus clair.

## OBSERVATION

*Sur la seconde Leçon, & sur la troisième :*
*aux pages 56. & 58.*

TOUTES les filabes contenues dans ces deux leçons, doivent être prononcées par l'Ecoliér, d'une feule voix, & fans articulér féparément les lètres qui les compofent, fi ce n'eft dans les premiérs commencemens, & pour y accoutumér les enfans. On leur dit, par exemple, qu'on ne prononce jamais la dérnière lètre d'une filabe ou d'un mot, qu'à moitié : ainfi au lieu de dire | *a* | *beu* | en

$$\begin{array}{c|c} a & beu \\ 1. & 2. \end{array}$$

deux fons pleins & entiérs, il faut dire | *a - b* | en un fon & demi.

$$\begin{array}{c} a - b \\ 1. \quad \frac{1}{2}. \end{array}$$

De même on leur fait dire, *ba*, d'un feul fon, &

non pas, *beu*, | *a*, en deux fons, & ainfi des autres, à moins que ce ne foit dans les premiérs jours feulement.

Il faut remarquér que les enfans favent toutes les filabes renférmées dans la feconde leçon & dans la troifiéme, dès qu'ils favent les lètres de l'Alphabet, parce qu'il n'eft quéftion que de nommér les lètres fimplement, felon la vraie dénomination que nous leur donnons par céte Méthode : excépté cependant, les lètres doubles & triples, *ch*, *chr*, *gn*, *gu*, &, *ph :* dont le fon eft particuliér, n'a aucune affinité, ni aucun raport, avéc celui des lètres, & qu'on doit aprendre féparément aux enfans, en leur difant, un, *c*, & un, *h*, font enfemble, *ch*, ou *cheu*, comme au mot *chenille :* un, *p*, & un *h*, produifent enfemble le fon, *fe*, ou *feu*, comme au mot *Philofophe*, & ainfi des autres.

S'il reste quélque dificulté , sur la prononciation de chacune de ces silabes, on doit consultér le discours sur chaque lètre en particuliér, contenu dans la troisiéme Partie de la Méthode dont cèt Alphabet est tiré , principalement celui sur les lètres *c*, & *g*.

Devant les lètres , *a*, *o*, & , *u*, la lètre , *c*, fait, *que*, c'est-à dire, se prononce, *que*, ou, *ke*, comme avant les consonnes, & à la fin des silabes & des mots.

Il en est de même de la lètre, *g*, qui fait, *gue*, ou , *gueu*, avant les mêmes lètres , & aussi à la fin des silabes & des mots.

---

# O B S E R V A T I O N

*Sur la cinquiéme Leçon, qui est à la page 63.*

**I**L y a en François cinq sortes d'*e*.

Le premiér est marqué d'un accent aigu, & se prononce d'une voix férme & bien articulée. Il fait, *é*, comme aux mots, *bonté*, *charité*, *piété*.

Le second est marqué d'un accent pèrpendiculaire, & se prononce d'une bouche plus ouvérte que le premiér. Il fait, *è*, comme aux mots, *père*, *mère*, *frère*, *tèrre*.

Le troisiéme est marqué d'un accent grave, & se prononce d'une maniére plus ouvérte que le second. Il fait, *è*, comme aux mots, *près*, *procès*, *succès*, *accès*.

Le quatriéme est marqué d'un accent circonflèxe, & se prononce d'une voix encore plus ouvérte que le troisiéme. Il fait, *ê*, comme aux mots, *conquête*, *bête*, *fête*, *tempête*.

Le cinquième, qui n'est marqué d'aucun accent,

& qu'on apéle muet, parce qu'il ne se prononce jamais, ni en épelant ni en lisant, sért seulement à faire prononcér la consonne qui le précéde, tant au milieu des mots, qu'à la fin, comme en ceux-ci, *contenir*, *aime*.

On voit que dans le mot, *contenir*, la lètre, *e*, ne se prononce pas, mais qu'élle sért seulement à faire prononcér la lètre, *t*, qui le précéde : & que dans le mot, *aime*, la méme lètre, *e*, ne se prononce pas non plus, & qu'élle ne sért qu'à faire prononcér la lètre, *m*, qui le précéde.

L'Auteur du *Bureau Tipographique*, dont la Méthode n'a paru que dix ans après l'impréssion de célle-ci, qui n'a fait que la copiér & la gâter partout, fait prononcér cét, *e*, muét, en épelant, comme la silabe, *eu*, ce qui embrouille beaucoup les enfans.

Selon notre manière, on leur fait passér céte lètre, *e*, sans la nommér : élle ne doit se prononcér ni en épelant ni en lisant.

C'est sur la prononciation juste de ces quatre, *é*, *ê*, *è*, *ë*, qu'on doit réglér & fixér la prononciation de la plus grande partie de la Langue Françoise. Il est éssentiél de faire faire aux enfans, la distinction éxacte du son de ces quatre, *é*, *ê*, *è*, *ê*, si on veut dans la suite qu'ils prononcent corréctement.

On voit qu'il n'y a rien de si aisé, & que c'est l'affaire d'un moment. Il ne s'agit pour les fixér, que de leur donnér un éxemple d'un mot, qui leur en rapéle le son.

1°. *Charité*, *é* : 2°. *pêre*, *ê* : 3°. *accès*, *è* : 4°. *conquéte*, *ê*. Voilà les 4, sons de l'*e*.

Comme il y a beaucoup d'*e*, dont le son est douteux, entre l'accent aigu & l'accent pérpendiculaire, dans ces cas là, on se détérmine pour l'accent aigu, en faveur de l'usage, comme au mot, *précipitation*, l'*é*, paroît plus ouvèrt que l'accent aigu, & semble ne l'être pas tout-à-fait tant, que l'accent pérpendiculaire : cependant on y mèt un accent aigu, faute d'un qui tiénne le milieu entre les deux.

Ceux qui parlent ou qui lisent, doivent articulér ces 4 sortes d'é, *é, è, ê*, d'une maniére diférente, & y aportèr une atention sérieuse, s'ils veulent parlér & lire corréctement

Il n'en est pas de même des ac ..ns sur la lètre, *à*, car on ne doit élevér la voix sur cète voyéle, que pour l'accent circonfléxe. L'accent grave, ne sért qu'à distinguér la lètre, *à*, article, d'avèc l'*a*, qui est vèrbe, comme, *ce Livre est à Piérre : Il a aimé.*

On trouve une explication bien plus étendue à cét égard, dans la Méthode même, au Traité des Accens.

L'Auteur du *Bureau Tipographique*, croyoit entendre parfaitement la valeur des sons de la Langue Françoise, cependant il se trompoit lourdement, en bien des occasions, en voici un exemple.

Dans la neuviéme page de la Préface du second Volume de son *Bureau*, il dit : *C'est encore par une suite de la même doctrine des sons, que je fais apelér d'un seul nom, l'assemblage des lètres qui ne forment qu'un seul son, comme, oient, ou, oit, dans les mots, avoient, & avoit, où toutes ces lètres n'expriment que le son de l'è, ouvèrt. Il faut donc faire entendre à l'enfant, que ce son, è, peut s'exprimér de ces cinq maniéres, è, ai, oit, oist, oient, c'est-à-dire, avèc une, deux, trois, quatre ou cinq lètres, &c.*

Comme l'Auteur du *Bureau Tipographique* étoit Provençal, il n'est pas étonnant qu'il se soit si fort écarté de la valeur des vrais sons de la Langue Françoise, en les prenant les uns pour les autres, & les confondant ensemble, pendant qu'ils sont bien diférens. Il faut voir ce que je dis là-dessus, dans mes *Réfléx* xions sur ce Bureau Tipographique, pages 150. & 151. de la Méthode, pour sentir combien cét Auteur se trompe, en confondant ainsi la valeur du son de ces silabes, qui ont une prononciation très-différente l'une de l'autre.

On peut voir dans les 8. Leçons que nous alons donner pour la lécture, combien est grande, la diférence du son de ces silabes.

Il est si vrai que très peu de personnes savent la valeur des sons de la Langue Françoise, que feu M. Rollin, tout grand homme qu'il étoit, ignoroit lui-même, la valeur des accens, & qu'il les confondoit les uns avéc les autres. Page 280. & 453. du I. Vol. de son Traité des Etudes, on y trouve beaucoup de mots fort mal accentués, on en va raporter quel-ques-uns pour éxemple seulement : *bonne chére, les adultéres, maniére, particuliére, Homére, &c.* C'est la même chose dans tous ses ouvrages, il n'y a point de page où l'on ne trouve les mêmes fautes, à l'ou-vérture de chaque Volume.

Cependant un Etranger ou un François, qui vou-droient lire ces mots suivant qu'ils sont accentués, prononceroient trés mal : car on doit prononcér, *bonne chére, les adultéres, manière, particulière,* & non pas, *bonne chére, les adultéres, maniére, par-ticuliére, Homére,* &c.

Si M. Rollin ignoroit la valeur des accens & des sons de sa propre Langue, que ne feront point ceux qui n'ont pas ses lumiéres ?

# PREMIERE LEÇON.

## *Voyèles.*

a, é, i, o, u.

## *Consonnes.*

*be, ce, de, fe, ge, he, je, ke, le, me,*
b, c, d, f, g, h, j, k, l, m,

*ne, pe, que, re, se, te, ve, xe, ye, ze.*
n, p, q, r, ſ, t, v, x, y, z.

## *Capitales, Majuscules, ou Initiales.*

A B C D E F G H I J K L M N O
P Q R S T V U X Y Z. ET.

## *Italiques.*

*a, b, c, d, é, f, g, h, i, j,*
*k, l, m, n, o, p, q, r, ſ, t,*
*v, u, x, y, z: &.*

# SECONDE LEÇON.

*Voyés l'explication de cête Leçon à la page 50.*

| ab | éb | ib | ob | ub |
|----|----|----|----|----|
| ac | éc | ic | oc | uc |
| ad | éd | id | od | ud |
| af | éf | if | of | uf |
| ag | ég | ig | og | ug |
| ah | éh | ih | oh | uh |
| aj | éj | ij | oj | uj |
| ak | ék | ik | ok | uk |
| al | él | il | ol | ul |
| am | ém | im | om | um |
| an | én | in | on | un |
| ap | ép | ip | op | up |
| aq | éq | iq | oq | uq |
| ar | ér | ir | or | ur |
| aſ | éſ | iſ | oſ | uſ |
| at | ét | it | ot | ut |
| av | év | iv | ov | uv |
| ax | éx | ix | ox | ux |
| ay | éy | iy | oy | uy |
| az | éz | iz | oz | uz |

| | | | | |
|---|---|---|---|---|
| ba | bé | bi | bo | bu |
| ca | cé | ci | co | cu |
| da | dé | di | do | du |
| fa | fé | fi | fo | fu |
| ga | gé | gi | go | gu |
| ha | hé | hi | ho | hu |
| ja | jé | ji | jo | ju |
| ka | ké | ki | ko | ku |
| la | lé | li | lo | lu |
| ma | mé | mi | mo | mu |
| na | né | ni | no | nu |
| pa | pé | pi | po | pu |
| qua | qué | qui | quo | quu |
| ra | ré | ri | ro | ru |
| ſa | ſé | ſi | ſo | ſu |
| ta | té | ti | to | tu |
| va | vé | vi | vo | vu |
| xa | xé | xi | xo | xu |
| ya | yé | yi | yo | yu |
| za | zé | zi | zo | zu |

# TROISIEME LEÇON.

*Compofée de lêtres doubles, triples & quadruples:*
*Voyés l'explication de cête Leçon, page 50.*

| ble | bre | cle | cre | cte |
|-----|-----|-----|-----|-----|
| bl  | br  | cl  | cr  | ct  |

| dle | dre | fle | fre | gle |
|-----|-----|-----|-----|-----|
| dl  | dr  | fl  | fr  | gl  |

| gme | gre | cle | cre | fle |
|-----|-----|-----|-----|-----|
| gm  | gr  | kl  | kr  | phl |

| fre | ple | pre | pfe | fe-que |
|-----|-----|-----|-----|--------|
| phr | pl  | pr  | pf  | fc     |

| fe | fpe | fe-fe ou ffe | fte | tle |
|----|-----|--------------|-----|-----|
| fç | fp  | fph          | ft  | tl  |

| tre | vre |
|-----|-----|
| tr  | vr  |

| che | cre | gne ou gue-ne | gue | fe |
|-----|-----|---------------|-----|-----|
| ch  | chr | gn *      | gu  | ph |

EXEMPLE.

chevalier, chrétien, guenille, philofophe.

**En françois cête filabe, gn, fait, gne, ou gneu,*
*& en latin, êlle fait, gue-ne, ou gueu-neu. Exem-*
*ple : agneau, digne : agnus, dignus.*

| | | | | |
|---|---|---|---|---|
| abl | ebl | ibl | obl | ubl |
| abr | ebr | ibr | obr | ubr |
| ach | ech | ich | och | uch |
| achr | echr | ichr | ochr | uchr |
| acl | ecl | icl | ocl | ucl |
| acr | ecr | icr | ocr | ucr |
| act | ect | ict | oct | uct |
| adl | edl | idl | odl | udl |
| adr | edr | idr | odr | udr |
| afl | efl | ifl | ofl | ufl |
| afr | efr | ifr | ofr | ufr |
| agl | egl | igl | ogl | ugl |
| agm | egm | igm | ogm | ugm |
| agn | egn | ign | ogn | ugn |
| agr | egr | igr | ogr | ugr |
| agu | egu | igu | ogu | ugu |
| akl | ekl | ikl | okl | ukl |
| akr | ekr | ikr | okr | ukr |
| aph | eph | iph | oph | uph |
| aphl | ephl | iphl | ophl | uphl |
| aphr | ephr | iphr | ophr | uphr |

| apl | épl | ipl | opl | upl |
|-----|-----|-----|-----|-----|
| apr | épr | ipr | opr | upr |
| aps | éps | ips | ops | ups |
| aſc | éſc | iſc | oſc | uſc |
| aſç | éſç | iſç | oſç | uſç |
| aſp | éſp | iſp | oſp | uſp |
| aſph | éſph | iſph | oſph | uſph |
| ast | ést | ist | ost | ust |
| atl | étl | itl | otl | utl |
| atr | étr | itr | otr | utr |
| avr | évr | ivr | ovr | uvr |

| bla | blé | bli | blo | blu |
|-----|-----|-----|-----|-----|
| bra | bré | bri | bro | bru |
| cha | ché | chi | cho | chu |
| chra | chré | chri | chro | chru |
| cla | clé | cli | clo | clu |
| cra | cré | cri | cro | cru |
| cta | cté | cti | cto | ctu |
| dla | dlé | dli | dlo | dlu |
| dra | dré | dri | dro | dru |
| fla | flé | fli | flo | flu |

| | | | | |
|---|---|---|---|---|
| fra | fré | fri | fro | fru |
| gla | glé | gli | glo | glu |
| gma | gmé | gmi | gmo | gmu |
| gna | gné | gni | gno | gnu |
| gra | gré | gri | gro | gru |
| gua | gué | gui | guo | guu |
| kla | klé | kli | klo | klu |
| kra | kré | kri | kro | kru |
| pha | phé | phi | pho | phu |
| phla | phlé | phli | phlo | phlu |
| phra | phré | phri | phro | phru |
| pla | plé | pli | plo | plu |
| pra | pré | pri | pro | pru |
| pſa | pſé | pſi | pſo | pſu |
| ſca | ſcé | ſci | ſco | ſcu |
| ſça | ſcé | ſci | ſço | ſçu |
| ſpa | ſpé | ſpi | ſpo | ſpu |
| ſpha | ſphé | ſphi | ſpho | ſphu |
| ſta | ſté | ſti | ſto | ſtu |
| tla | tlé | tli | tlo | tlu |
| tra | tré | tri | tro | tru |
| vra | vré | vri | vro | vru |

# QUATRIEME LEÇON.

## *Silabes sur les cinq Voyelles.*

### A.

a, à, â, at, as, am, an, ane,

ail, aile, æ, ais, aix, aime,

aine, air, ai, ai, aï, aïr, aïs,

au, aux, aim, ain, aïe, aye,

ayent, aille.

---

De l'ail, plante. Evantail, attirail, portail.
Une aile d'oiseau.
Versailles, bataille, paille, taille, futaille.

# CINQUIEME LEÇON.
## E.

é, é, è, ê, ei, &, er, ér, er, éi,

eï, eïr, eïs, ers, és, ez, ée, em,

en, es, est, erent, eïc, eye, eu,

eux, eur, eurs, eure, eau, eaux,

eim, ein, éo, éu, ça, éan, eine,

él, elle, eil, eille, eul, eule,

eime, euil, euille, cérfeuil,

écueil, cércueil, recueil.

On a mis ces 3. dèrniérs mots au rang des silabes, à cause
de leur dificulté, & pour que le disciple s'y accoutume de
bonne heure, les deux premiérs étant écrits contre les régles de la prononciation; car pour les prononcér comme ils
sont écrits, il faudroit dire, é-cu-éille, cér-cu-éille; cependant
on prononce comme s'il y avoit, é-queuille, cér-queuille.

Séleil, vèrmeil, conseil, sommeil. Oseille, treille, abeille.
Un seuil, le deuil. Un fauteuil. Une feuille.

# SIXIEME LEÇON.
## I.

i, î, is, ié, ies, it, its, ï, ie,

ia, ial, iai, iau, io, iu, iom,

ion, ions, ien, iene, ian, ien,

iane, in, im, ié, ier, ies, iez,

iou, ieu, ieur, ieux, iel, ielle,

ieil, ieille, ille, ille.

Il faut faire obférver aux difciples que ces deux dérnières filabes, *ille, ille*, produifent différens fons en lifant, quoiqu'élles s'ècrivent de même, felon les mots où éllcs fe trouvent placées, ainfi qu'on le voit par les éxemples qui font au-deffous de chaque Leçon. On ne peut dire la raifon de céte diférence, finon qu'il a plu à nos Pères d'en ordonnèr ainfi dans ces mots, ainfi qu'en beaucoup d'autres : ce qui fait voir la bizarerie & le caprice de notre Langue & de notre Ortographe. On pouroit rémédiér facilement à toutes ces fautes, en corrigeant l'Ortographe, mais l'ufage qui eft le Tiran des Langues, s'y opofe. Néanmoins, par raport aux difciples, un peu de pratique leur aprendra ces diférences.

Le Ciél. Une *villle*. Un *viéil* homme. Une *viéille* femme. Une *quille* à jouér. Une *fille*. Une *ville*.

SEPTIEME

# SEPTIEME LEÇON.
## O.

ô, ô, ô, o-é, o-t
o, ô, os, ost, oſt, oé, oé, ou,

ou-re  ou-é  ou-é  ou-i  ou-ire
où, our, oué, oué, oui, ouir,

ou-a  ou-an  eu  eu-re  ou-ange
oua, ouan, œu, oeur, ouange,

ou-in  ou-in  ou-in  ou-in
ouim, ouin, ouaim, ouain,

ou-ane  ou-âne  on  on  o-ine
ouane, ouâne, om, on, oine,

o-é  é  o-é  e-é  o-é  é  é
oi, oi, oy, oë, oye, oye, ois,
1   2   3   4   5   6   7

o-é  o-é  é  é  o-in  ou-aille
ois, oix, oit, oient, oin, ouaille,
8   9   10   11   12   13

ouille  eil  euil
ouille, œil, œuil.
14   15   16

Les mots ci-deſſous ſont des exemples, qui rapélent & qui
fixent la prononciation juſte de toutes les ſilabes, qui ont
quelque dificulté. Le chifre ſous chaque ſilabe, renvoye au
mot d'où éľe eſt tirée

<hr>

Un *Moine.* Le *foible.* La *Loi.* Un *Poëte.* Une *Oye.* La *Monnoye.*
    1        2            3         4            5          6
Un *François.* S. *François.* Les *Loix.* Il *liſoit.* Ils *liſoient.*
    7              8               9           10            11
Très-*loin.* Les *Ouailles*, brebis. Une *Grenouille.* Un *œil*, ou
    12            13                       14               15
Un *œuil*, la *vue*.
    16

# HUITIEME LEÇON.

## U.

u, û, us, ût, ué, euſt, eût, ue,

uë, ues, ure, urent, uer, ués,

uez, uées, ui, uy, uir, uit,

uile, ua, uan, uel, ueu, ueux,

uë, uo, uon, un, um, une.

Cète ſilabe, *uë*, marquée ainſi d'une diérèſe, devroit ſelon nos principes, faire toujours, *u-ë*, parce que la diérèſe doit faire parler l'*e*, comme l'accent perpendiculaire, mais on mèt cète ſilabe, pour s'accommoder à l'Ortographe de pluſieurs, qui mètent encore cète diérèſe ſur ces mots, *rûë*, *nûë*, &c. quoique la lètre, *ë*, ne s'y prononce pas, ainſi il faut que les enfans s'accoutument à ne point prononcer cète voyèle dans ces mots, lorſqu'ils les trouveront. Il faut voir ce que nous diſons ſur cela, dans la Méthode, au Traité des Accens.

# OBSERVATION

*Sur 57. Silabes tirées des 3. 4. 5. 6. 7. & 8<sup>e</sup>. Leçon, avec quèlques Remarques très-utiles.*

Ch, chr, gn, gu, ph. Am, an, au, aux, ai, aï, aïr, ail, aille, aile, ais, aix, aye, ayent : eau, eaux, él, élle, eï, éi, eï; em, en, ein, eil, eille, euil, euille, eu, eur, eurs : iel, ielle, iéil, iéille, ille, illé, im, in : oi, oit, oient, on, oin, ou, ouaille, ouille, œil, œuil : um, un, une.

Dès que les enfans connoiſſent les lètres de l'Alphabet, & ces ſilabes, ils ſavent preſque lire, il ne leur faut plus qu'ún peu de pratique.

Il faut encore leur faire obſérver que les 8. lètres, *c*, *g*, *h*, *p*, *ſ*, *t*, *x*, &, *y*, changent de ſon ou de dénomination, ſuivant les mots, où él'es ſe trouvent placées.

Par éxemple : la lètre, *c*, a 8. ou 9. ſons diférens.

1°. Elle ſait, *ce* ou *ceu*, comme dans *ceci*, *celà*.

2°. Elle ſait, *que*, comme dans, *cabanne*, *colère*, *cure*.

3°. Elle ſait, *gue* ou *gueu*, comme dans, *Claude*, *ſecond*, *Cicogne*, qu'on pronònce comme s'il y avoit, *Glaude*, *ſegond*, *Cigogne*.

4°. Quand céte lètre, *c*, eſt jointe à la lètre, *h*, élle produit le ſon, *che*, ou, *cheu*, comme dans, *chat*, *chien*, *chenil*.

5°. Céte même lètre, *c*, jointe à la lètre, *h*, forme encore un autre ſon, élle fait la fonction de la lètre, *k*, dans les mots qui nous viénnent du

Gréc ou de l'Hébreu, comme dans, *Zacharie, Eu-
chariſtie, écho,* qu'on prononce comme s'il y avoit,
*Zakarie, Eukariſtie, éko.*

6. Céte létre, *c,* reprend la fonction de la létre,
*ſ,* & fait, *ſe,* ou, *ſeu,* quand on y ajoute une cé-
dile deſſous, comme dans ces mots, *glaſon, façon,
garçon :* qu'on prononce comme s'il y avoit, *glaſ-
ſon, faſſon, garſon.*

7°. Céte létre, *c,* fait encore la fonction de la
létre, *q,* & fait, *que,* ou, *queu,* à la fin de préſ-
que tous les mono-ſilabes, comme dans, *ſac, béc,
Duc.*

8°. Enfin céte létre, *c,* jointe à la létre, *ſ,* reprend la fonction de la létre, *ſ,* & fait, *ſe,* ou
*ſeu,* comme dans ces mots, *ſcience, ſceau, ſceptre.*

La létre, *g,* fait, *je, gue, gne,* &, *gue-ne,* comme dans ces mots, *gelée, guenille, digne, dignus.*

La létre, *h,* fait, *eu, cheu, ke,* &, *ſe,* comme
dans ces mots, *heure, chenil, Zacharie, charitas,
épitaphe.*

La létre, *p,* fait, *pe,* & , *ſe,* comme dans ces mots,
*pelouſe, Philoſophe.*

La létre, *ſ,* fait, *ſe,* &, *ze,* comme dans ces
mots, la *danſe,* la *Meuſe.*

Le, *t,* fait, *te,* ou, *ſe,* comme en ces mots, il
*tente, baſtion, portion.*

La létre, *x,* fait, *que-ſe, gue-ze, ſe,* & , *ze,* comme
en ces mots, *Xantus, Xantipe, Aléxandre : éxilén,
Bruxélles : dixiéme :* qu'on prononce comme s'il y
avoit, *que-ſantus, que-ſantipe, Aléque-ſandre,
égue-zilér, Bruſſélles, dixiéme.*

La létre, *y,* fait, *ieu,* & , *i,* comme dans ces
mots, que *j'aye, il y a,* qu'on prononce comme
s'il y avoit, que *j'é-ye, il i a.*

On voit dans nos Leçons, ſur-tout dans la *7*e. par
les létres italiques qui ſont ſur les ſilabes, le ridicule
de notre Ortographe & de notre prononciation. La

ſilabe, *oi*, fait tantôt, *o-è*, comme dans, *Moine*, & tantôt, *è*, comme dans *ſoible*. On prononce *Mo-ène*, mais on devroit prononcér, *Mo-ine*, & non pas, *Mo-ène*, ſelon que ce mot eſt écrit. On prononce, *fèble*, mais on devroit auſſi prononcér, *ſo-ible*, au lieu de, *fèble*; ou ſi on veut conſérvér la prononciation dans ces mots, il faut donc réformér l'Ortographe. En prononçant céte ſilabe, *oi*, comme au mot, *Moine*, on donne à l'*i*, la prononciation de l'*è*, pérpendiculaire, ce qui eſt ridicule. La ſilabe, *oye*, change encore de ſon, tantôt élle fait, *o-è*, comme dans une, *Oye*, & tantôt élle fait, *è*, comme dans, *Monnoye*. On donne à la lètre, *y*, tantôt le ſon de la lètre, *è*, marquée d'un accent circonfléxe, & tantôt toutes ces lètres, *oye*, ſont, *è*. La ſilabe, *ois*, change encore de ſon, tantôt élle fait, *è*, comme dans, un *Françoi*s; & tantôt élle fait, *o è*, comme dans, S. *François*. Dans le mot, *Loy*, la ſilabe, *oi*, fait, *o-è*, on devroit prononcér, *Lo-i*, ou bien ſelon l'anciénne Méthode, comme s'il y avoit, *èle-ô-i-grèc*, & non pas, *Lo-è*. Dans ce mot, *Loy*, on donne à la lètre, *y*, le même ſon de l'*è*, pérpendiculaire.

J'ai vu de petits enfans de 3. ou 4. ans, qui diſoient, aux mots, *j'ai*, *aujourd'hui*, *Loy*, & en beaucoup d'autres : mais vous me faites dire, *è*, & il y a un, *a*, & un, *i*, il faut prononcér, *a-i*, & non pas, *è* : ainſi il faut dire, *j'a-i*, & non pas, *j'è*. Vous me faites dire, *o-jourd'hui*, il faut dire, *a-u*, & non pas, *o*, puiſqu'il y a un, *a*, & un, *u*. Vous me faites dire, *Lo-è*, mais il y a un, *o*, & un, *i*, il faut dire, *Lo-i*, & non pas, *Lo-è*.

Il faut avoir recours à ſo. dialogues, pour leur dire que malgré qu'on écrive d'une façon, il faut prononcér de l'autre : que l'uſage, qui eſt le tyran des Langues, veut que l'on conſérve toutes ces bizarreries.

# CHAPITRE III.

## *Manière d'épelér.*

ON a arrangé quelques phrases, pour donner une idée plus juste, de la manière d'épelér de céte Méthode, mais il faut se souvenir de faire nommér comme nous, les létres que l'on trouve séparément, c'est à-dire, qu'il faut toujours suposér un, *e*, muët à la fin. On a marqué en italique, dans les quatre phrases qui suivent, les létres qui ne se prononcent pas, soit en épelant ou en lisant, pour y accoutumér le disciple.

Mé-t-*b*odé p-our é-pe-lér fa-ci-lé-m en*t* Mé*b*odé pour épelér facilémen*t*.

M-on fil*s*, a-pre-nés que le pre-m-iér dé-v-oir de la jus-tice, c'-est de con-n-oî-*t*re D-ieu comm*e* Cr-éa-t-eur, de l*e* cr-ain-dre comm*e* S-ei-gn-eur, e*t* de l'-ai-mér comm*e* P-ère.

Mon fil*s*, aprenés que l*e* premiér devoir de la justice, c'est d*e* connoî-*t*re Dieu comme Créateur, de l*e* craindre comme Seigneur, et de l'ai-mér comme Père.

Il faut avoir grand soin, quand les enfans sont embarassés, sur-tout dans les commencemens,

de leur faire encore des divisions , c'eſt-à-
dire , de leur détacher encore des lètres des ſilabes ; par exemple , ſi un enfant étoit embaraſſé
pour épelér le mot , *juſtice* ; au lieu de lui faire
dire la ſilabe , *jus* ; d'une ſeule voix , il faudroit
lui montrér avec une touche la lètre , *j* ; toute
ſeule ; il diroit , *je* ; enſuite lui dire de nommér
les deux lètres qui ſuivent , il diroit comme s'il
y avoit , *uſſe* ; en faire de même de la ſeconde ſilabe du même mot ; lui dire de nommér la premiére lètre , il diroit , *te* ; enſuite lui dire de nommér les deux ſuivantes , il diroit , *ice* , & ainſi des
autres.

De cète maniére , jamais l'enfant n'eſt embara-
raſſé ; car ces diviſions le réduiſent & le forcent à
nommér ſes lètres & ſes ſilabes , tèlles qu'èlles ſont
dans ſes principes , & inſenſiblement il lit de lui-
même , avec un peu d'uſage , en lui faiſant de
tems en tems de petits raiſonnemens qui lèvent
ſes dificultés ; car enſuite pour lui faire lire ce
mot , *juſtice* , on lui dit ; pour épeler , vous
avés prononcé ce mot ,

| *j* - | *u* - *s* | *t* | *i* - *ce* |
|---|---|---|---|
| 1. | 2. $\frac{1}{2}$ | 3. | 4. $\frac{1}{2}$ |

en 5 ſons ; préſentement joignés les deux premiérs ſons & demi , ils feront , *jus* , enſuite les deux
autres ſons & demi , ils feront , *tice* ; & en réuniſ-
ſant ces deux ſilabes enſemble , èlles formeront votre mot , *juſtice*.

On eſt forcé d'entrér dans tout ce détail avec
un enfant qui ne ſait que ſes premiérs princ[ip]es ,
& qui n'a aucun uſage ; mais on voit qu'il comprend toutes ces opérations ; qu'èlles lui ſont ſen-
ſibles , puiſqu'il ne fait autre choſe pour épelér ,
que de nommér préciſément le nom de ſes lètres
& celui des doubles , &c : tèls qu'ils ſont contenus

dans ſes principes. Il eſt aiſé de concevoir encore, qu'auſſi-tôt qu'il ſait ſes huit petites Leçons de principes, il épéle : & qu'auſſi-tôt qu'il ſait épelér, il ſait lire preſque de lui-même, à cauſe de l'analogie & du raport qu'il trouve entre les ſons des lètres, la manière d'épelér, & les véritables ſons des mots : à quoi il ne peut jamais parvenir par l'anciénne Méthode, ainſi qu'on l'a démontré.

On doit pour épelér, faire prononcér aux enfans chaque ſilabe tout à la fois; ſi on détache dans ces phraſes quélques lètres des ſilabes, ce n'eſt que pour les facilitér, & dans les premiérs commencemens.

Les principes poſés, c'eſt l'affaire des Maîtres de réglér le tems de la leçon, la forme & la quantité du travail, de ſavoir à propos diviſér les mots pour les faire épelér, ſéparér les lètres des ſilabes, les ſilabes des mots, & enſuite les réunir, rapelér les principes à l'enfant, le conduire par l'uſage, abrégér le tems des leçons, les renouvellér plutôt plus ſouvent : Mais un des principaux moyens qui peut leur aſſurér le ſuccès, c'eſt de ſe munir d'une grande patience : l'enfant ne s'arrête ſouvent tout court, que parce qu'on le rebute : donnés-lui le tems de reprendre haleine, il reprend ſon ardeur, & il vous ſuit avéc courage, parce que vous avés ſu le ménagér.

Il y a cependant des enfans a l'égard deſquéls on eſt forcé d'employér le châtiment; ſur tout parmi ceux qui n'ont pas reçu une bonne éducation. C'eſt aux Parens & aux Maîtres, à en uſér ſelon les régles de la prudence.

Il y a auſſi des Parens, qui pérdent leurs enfans, par une complaiſance aveugle & criminelle,

nèlle, & souvent ils sont encore assés injustes,
pour atribuér leurs défauts & leur peu de progrès, à ceux qui les enseignent ou à leurs Méthodes : quoique ces vices, ne soient que leur
propre ouvrage, & l'éffet d'une mauvaise éducation.

# CHAPITRE IV.
## OBSERVATION
### *Sur la lèElure du Latin.*

1°. IL n'y a qu'un seul, *e*, en latin, qu'il faut
prononcér comme l'é, masculin françois,
autrement dit, l'é, aigu : éxemple, *Domine, l'aire*,
qu'on prononce comme dans ces mots françois,
*piété, faculté.* Quand cète lètre, est devant une consonne, pour ne faire qu'une silabe avèc èlle, alors
èlle se prononce de même que l'é, pèrpendiculaire
françois, comme dans ces mots, *examen, exceptio*,
& comme s'il y avoit en françois, *èxamèn, èc-
cèptio*.

2°. Pour bien prononcér le Latin, il faut faire
parlér généralement toutes les consonnes, en les
apuyant fortement, éxcèpté la lètre, *n*, que l'on
adoucit en françois, lorsqu'èlle est suivie d'une consonne, & qui ne doit formér qu'un son avèc la
voyéle qui la prècède : éxemple, *induco, intelligo*,
*ante, nunc*.

Pour me rendre plus intèlligible, il faut prononcér la première silabe de ces mots d'une sule voix,
& dire, *in*, sans formér deux sons, il ne faut pas
faire parlér l'*i*, & le, *n*, séparément, mais les prononcér ensemble, comme dans ces mots françois, *incurabl, inconcevable*.

On obsèrvera la même chose pour la lètre, *m*;

éxemple, *impono*, *impiger*, *amplector*, *implico*, &
de ne pas prononcér comme s'il y avoit en françois, *ime-pono*, *ime-pigèr*, *ame-plector*, *ime plico*.

3°. Les deux létres, *es*, finiſſant un mot, ſe prononcent comme s'il y avoit en françois, *éſſe*, éxemple, *arbores*, *dicentes*.

4°. Les deux létres, *em*, &, *en*, ſe prononcent ſé-
parémént, & comme s'il y avoit en françois, *éme*,
&, *éne*, éxemple, *autem*, *examen*.

5°. Les deux-mêmes létres, *em*, &, *en*, font, *in*,
en cértains mots, éxemple, *exemplum*, *innocentem :*
on prononce comme s'il y avoit en françois, *éxim-*
*plome*, *ine-nocintéme*.

6°. La létre, *u*, faiſant une ſilabe avéc les letres,
*m*, ou, *n*, ſe prononce comme l'o, éxemple : on
écrit *punctum*, *factum*, & on prononce comme s'il
y avoit en françois, *ponctome*, *factome*, èxcèpté,
*nunc*, *tunc*, où les létres, *u*, &, *n*, réunies enſemble, ſe prononcent comme le mot, *un*, qui eſt le
premiér des nombres françois.

7°. Dans cértains mots, céte même létre, *u*, ſe
prononce comme la conjonction françoiſe, *ou :*
éxemple, on écrit, *quarum*, & on prononce comme s'il y avoit en françois, *couárome*.

8°. Les deux létres, *ch*, ſe prononcent en latin,
comme la létre, *k*, éxemple, on écrit, *charitas*,
*Archangelum*, & on prononce comme s'il y avoit
en françois, *karitáſſe*, *Arkangélome*.

9°. Les deux létres, *g*, &, *n*, qui enſémble, font,
*gne*, en françois, comme dans ces mots, *agneau*,
*digne*, en latin forment deux ſons qui paroiſſent ſé-
parés : ainſi, pour lire, *agnus*, *dignus*, il faut prononcér comme s'il y avoit en françois, *a-gue-nuſſe*,
*di-gue-nuſſe*, en obſérvant néanmoins, de réunir ces ſons, & de les prononcér de ſuite en liſant.

10°. Le, *t*, ſuivi de pluſieurs voyéles, ſuit la ré-

gle du françois, & fait, *ce*, éxemple, on écrit,
*gratia*, *actio*, *latium*, & on prononce comme s'il
y avoit, *gracia*, *accio*, *laciome*. Il y a cependant
des mots, où il reprend le son qui lui convient,
comme dans ces mots, *Eucharistia*, *Sacristia*,
*bestia*.

11°. On donne pour règle générale dans la léčture
du latin, de prononcér toutes les lètres, mais il en
faut éxceptér la lètre, *h*, qui ne se prononce, ni en
latin, ni en françois: élle sèrt seulement, à faire as-
pirér les voyéles en cértains mots.

Il y a encore quélques lètres qui ne se prononcent pas en l.sant, comme l'*u* : on écrit, *equus*,
*quum*, *coquuntur*, & on prononce comme s'il y
avoit en françois, *écusse*, *come*, *cocontur*, & non
pas, *écu-usse*, *cu-ome*, *co-cu-ontur*.

12°. Le relatif, *qui*, *quæ*, *quod*, & ses compo-
sés, font aussi entendre quélquefois l'*u*, après le,
*q*, & d'autres fois ne le font point sentir, mais cète
voyéle se prononce comme la lètre, *o*, ou comme
la conjončtion, *ou* : éxemple, on écrit, *qui*, *quæ*,
*quod*, *quem*, *quibus*, *quam*, *quorum*, *quarum*,
*quos*, *quas* : & on prononce tous ces mots comme
s'il y avoit en françois, *cui*, *cué*, *code*, *cuème*, *cui-
busse*, *couame*, *corome*, *couârome*. *côsse*, *couâsse*.

On voit que dans cértains mots on prononce l'*u*,
dans d'autres on ne le prononce pas, ailleurs cète
voyéle, *u*, se prononce comme la conjončtion, *ou*.
L'usage aplanira toutes ces dificultés.

On n'a pas divisé des mots latins, pour donnér
un éxemple de la maniére d'épelér, comme on a
fait pour le françois, a entdu qu'on peut faire lire
un enfant, tout de suite dans le latin & sans le faire
épelér, lorsqu'il sait lire en françois, en lui faisant
néanmoins les petites remarques nécéssaires auparavant. On en est quite pour lui aidér beaucoup,

en lui difant tout ce qui l'embaraffe, pendant les premiérs jours, après quoi il va de lui-même.

On peut auffi le faire épelér dans les premiérs commencemens, fi on le juge à propos, en lui marquant les divifions des mots nécéffaires, & de la même manière qu'on l'a vu éxpliqué pour le françois.

Dans la léêture du latin, les accens graves & circonflêxes, ne font pas mis pour fixér la pronociation, mais pour marquér feulement cértaines parties d'Oraifon, ou cértains cas.

# CHAPITRE V.

## *Abrégé de la Quantité.*

UNE léĉture latine eſt très - déſagréable, lorſqu'on n'a paſ le ſoin d'y obſérvér la Quantité, auſſi-bien que les pauſes & la ponĉtuation.

Le mot, *Quantité*, eſt un tèrme de Grammaire, qui veut dire, la meſure des ſilabes longues & bréves, pour faire des Vèrs.

Obſérvér la quantité en liſant, c'eſt marquér l'éſpace de tems que l'on doit métre à prononcér chaque létre ou ſilabe , & c'eſt préciſément, comme dans la Muſique, ce qu'on apéle la meſure, ce qui veut dire, la valeur des notes, & le tems qu'on doit demeurér ſur chacune en ſolfiant. Solfiér, veut dire, entonnér ou chantér un air, en articulant le nom de chaque note, ſelon la meſure & les régles de la Muſique. Auſſi obſérvér la *quantité* en liſant, c'eſt prononcér corréĉtement toutes les létres ou ſilabes, ſelon qu'èlles ſont bréves ou longues, & leur donnér leur juſte valeur.

Beaucoup de gens entendent parlér de *ſilabe pénultième*, & de *ſilabe ante-pénultième*, ſans ſavoir ce que c'eſt, il faut le leur expliquér.

g iij

La filabe qui eſt apelée, *pénultième*, eſt célle qui précéde immédiatement la dérnière du mot, & l'*ante-pénultième*, eſt célle qui eſt devant la *pénultième*.

Le mot, *pénultième*, veut dire, qui eſt avant le dérniér ; & *ante*, veut dire, *devant*, *avant*.

Nous ne donnerons ici qu'un abrégé dés régles les plus éſſentiélles de la *quantité*, pour la léčture du Latin.

1°. On apuie fortement ſur tous les mono ſilabes, ſoit qu'ils ſoient bréfs, ſoit qu'ils ſoient longs.

2°. On apuie auſſi un peu ſur la premiére ſilabe, quand même élle ſeroit bréve.

3°. Lorſque la *pénultième ſilabe* eſt longue, on apuie fortement ſur élle, dans la prononciation, & lorſqu'élle eſt bréve, la voix paſſe légèrement deſſus, & on l'éléve ſur l'*ante-pénultième*, quand même élle ſeroit bréve.

Comme il ſeroit trop long de dire ici quand ces ſilabes doivent être prononcées longues ou bréves, ſoit par nature ou par poſition, nous obſérverons ſeulement.

1°. Qu'une voyéle devant une autre voyéle, eſt bréve, comme en ces mots, *desŭes, defŭit, cordĭum, cornŭa, corĭum, cornĕa, Cenſorĭus, cenſĭo, &c.*

2°. Que la diphtongue eſt longue, comme, *aūrum, aūgere, aūgur, aūguſtus, aūreus,*

audemia , eunuchus , œconomia , Elimenes ,
&c.

3°. Que toutes les doubles lêtres, qu'on
apéle aussi diphtongues, sont pareillement
longues, comme, æsopus, æstimo, āa, ādes,
cœna, cœlum, &c.

4°. Qu'une voyéle est longue, lorsqu'élle
se rencontre devant plusieurs consonnes,
comme, infunde, Tertulianus, tertius, Loān-
da, littera, lūstrare, nōnne, nōrma, Nōrve-
gia, Nōsco.

5°. La voyéle est encore longue, quand
élle est devant les lêtres, x, &, z, comme,
ēxamen, ēxactio, ēxactor, ēxaudio, ēxcalceo,
ēxcalefacio : āzotus, āzaa, āzaga, āzance,
āzan, āzimus, &c.

Les autres régles sont d'une trop grande
discution, & accompagnées de trop d'éx-
céptions, pour nous y arrêtér : c'est aux
Maîtres qui enseignent à faire des Vèrs Latins, à enseignér la Quantité.

# CHAPITRE VI.

## IDÉE DE L'UNIVERS,
### *proportionnée à la portée des Enfans.*

## SECTION PREMIERE.

### *Création du Monde.*

1. LE Monde a u un commencement : Dieu seul, qui a fait le Monde, n'en a point u.

2. Le Monde, c'est le Ciel & la Térre, & tout ce qui est contenu au Ciel & en la Térre.

3. Avant que le Monde fût, il n'y avoit ni Ciel, ni Térre, ni aucun lieu : il n'y avoit rien nulle part.

4. Il n'y avoit que Dieu seul, éternel, tout-puissant, Créateur & Seigneur Souverain de toutes choses, qui étant heureux & content de lui-même, a fait par sa seule parole, quand il lui a plu, le Ciel, la Térre, la Mér, & tout ce qui y est renfermé : les choses visibles & invisibles, les corps & les ésprits, les Anges & les Hommes.

5. Dieu pouvoit bien faire le Monde en un seul instant, mais il lui a plu de distinguér & de partagér son ouvrage en six jours.

6. Le premiér jour, Dieu après avoir créé le Ciél & la Térre : dit : *Que la lumière soit faite*, & la lumière fut faite.

7. Le second jour, il étendit le Firmament ou l'Air, au milieu des eaux, & il lui donna le nom de Ciél.

8. Le troisième jour, il sépara la Térre d'avéc les eaux, & il lui commanda de produire de son sein, toutes sortes de plantes, avéc leurs fruits & leurs sémences.

9. Alors les eaux se retirérent dans les abîmes de la Mér.

10. C'est de là, que par des canaux cachés, sortirent des fontaines & des sources, d'où coulérent les ruisseaux, les fleúves & les riviéres qui retournent à la Mér, d'où élles sont venues premiérement. C'est encore de là, que se forment les étangs, les marais & les lacs.

11. Le quatrième jour, Dieu créa le Soleil, la Lune & les Etoiles, pour distinguér les tems. De là vient la diférence du jour & de la nuit, de la lumiére & des ténébres. C'est par là, que nous marquons les révolutions des quatre Saisons de l'Année : le Printems, l'Eté, l'Automne & l'Hivér.

12. Le cinquième jour, Dieu commanda aux eaux, & à son commandement élles pro-

duifirent tout ce qui nage dans les eaux, & tout ce qui vole dans l'air, les oifeaux & les poiffons, tant mâles, que féméles.

13. Le fixième jour, Dieu après avoir tiré de la térre les quadrupèdes, & toutes fortes d'animaux, fit l'homme à fon image, pour préfidér à toutes les chofes qu'il avoit créées. Il lui donna auffi pour compagne & pour époufe, la fame qu'il tira d'une de fes côtes, pendant qu il dormoit. L'homme fut apelé Adam, & la fame, Eve. Ce font là, les premiérs Péres de tous les hommes.

---

# SECTION SECONDE.

### *Beauté & variété du Monde.*

1. TOUS les ouvrages de Dieu font très-bons & très-beaux. C'eft pour cela qu'on apéle *Monde*, cét Univérs qui les renferme.

2. Que peut-on voir en éffet de plus beau & de meilleur, que le Soleil qui éclaire pendant le jour, & que la Lune & les autres Aftres, qui luifent au Ciél pendant la nuit, pour éclairér nos ténébres?

3. Que les éfpaces de l'air font grands! Qu'ils font immenfes! C'eft là, qu'on voit brillér tant de feux: c'eft là, que les nuées font pouffées & agitées au gré des vents.

De ces nuées se forment les éclairs, les to-néres & les foudres, les neiges & les grêles, les pluies & les orages.

4. La divèrsité qui se trouve sur la tèrre, présente aux yeux un agréable spèctacle. Ici, on voit des montagnes & des colines revêtues de forêts & d'arbres : là, des valons charmans, par leurs prairies & par les ruisseaux qui les arosent. D'un côté, ce sont des champs & des tèrres, bonnes pour y sémér du blé : d'un autre, s'élèvent des rochérs éscarpés & des hauteurs. En cèrtains endroits, ce sont des fosses & des ouvèrtures qui s'affaissent : en d'autres, des mines & des cariéres.

---

# SECTION TROISIEME.

## *Les Pières & les Métaux.*

1. DES Cariéres, on tire la pière & le marbre : & des Mines, on tire les métaux, qui sont l'objet de l'avarice des hommes.

2. On mèt au nombre des métaux, l'or, l'argent, l'airain, le cuivre, l'étain, le plomb & le fér. Le plus précieux de tous, c'est l'or, comme le fér est le plus dur & le plus utile.

3. On trouve aussi dans les entrailles de

la térre, cértains fucs que l'on apéle communément minéraux : téls font le fél, le fou-
fre, le bitume & le nitre.

---

# SECTION QUATRIEME.

## *Les Plantes & les Arbres.*

1. LA furface de la térre eft par-tout re-
vêtue d'une admirable variété de plantes,
excepté quélques endroits fécs & arides, où
il n'y a que du fable & des pières.

2. Les Plantes font de trois fortes ; ou ce
font des hérbes, ou des arbres, ou des ar-
briffeaux.

3. On doit métre au rang des productions
de la térre, les champignons, qui font de divérfes fortes : mais on doute s'il faut les rangér parmi les plantes.

4. On apéle hérbes, le gazon, les choux,
la laitue, la béte ou poirée, la mauve, le
cérfeuil, le pérfil, l'ofeille, l'ognon, le poi-
reau, la chicorée : les lentilles, les féves,
les lupins, & les pois. Le blé, le froment,
le feigle, l'orge, l'avoine, le ris, le millet,
qu'on mét au rang des fruits de la térre,
font encore une éfpèce d'hérbe. Ces plantes ne croiffent pas communément par-tout,
mais feulement dans des térres bien cultivées.

5. Il y a des arbres fruitiérs, il y en a de ſtériles.

6. Les arbres fruitiérs portent des fruits, qui ſont, ou charnus, comme ceux du pommiér, du poiriér, du cerisiér & du pruniér; ou ce ſont des noix & des glands, comme ceux de l'amandiér & du noyér, du hétre & du chéne: ou des bayes, comme du genièvre.

7. Les arbres ſtériles ne portent point de fruit, comme le buis, le plane, le frene & l'érable.

8. Les arbriſſeaux tiénnent en quélque ſorte, le milieu entre les hérbes & les arbres, comme la vigne, la ronce, le ſureau: on y peut joindre le roſiér, le nard, la ſauge, l'hiſope & le thin.

9. Il y a des arbres dont les feuilles ſont toujours vértes, comme ſont célles de l'oliviér, du palmiér, du lauriér & du ciprès. Il y en a d'autres dont les feuilles tombent, comme célles du figuiér, du châtaignér, de l'orme, du bouleau, du coudriér. Ces arbres ſe dépouillent de feuilles en Automne.

10. Il y en a qui aiment les montagnes, comme le cédre, le pin & le ſapin: d'autres aiment les lieux frais & humides, comme l'aune, le ſaule & le peupliér.

11. C'eſt du tronc que ſortent les bran-

ches, qui s'étendent en large, & qui font de
l'ombre par leurs feuillages.

12. Toutes les plantes font atachées à la
tèrre par leurs racines. C'eſt par ces racines
qu'élles atirent l'humidité & le ſuc de la
tèrre : & ce ſuc, qu'on apéle féve, coulant
entre l'écorce & le bois, nourit la plante,
qui pouſſe d'abord des boutons, puis des
feuilles, & des fleurs, & enfin des fruits avéc
leurs fémences.

## SECTION CINQUIEME.

### *Les Animaux & les Poiſſons*

1. IL ne ſe rencontre pas moins de di-
vèrſité dans les animaux, que dans les plantes. Or les animaux font comme des plantes
mobiles, & il y a quélque choſe de commun entre ces deux éſpéces : puiſque les
plantes, comme les animaux, croiſſent &
ſe nouriſſent, engendrent & font engen-
drées.

2. La principale diférence qu'il y a entre
les plantes & les animaux, c'eſt que les plantes font immobiles & atachées à la tèrre, &
que les animaux ſe meuvent d'eux-mêmes,
& femblent allér librement, çà & là, pour
chèrchér à mangér.

3. Il y a quantité d'éspéces d'animaux, que l'on peut réduire à quatre sortes, qui sont les poissons, les oiseaux, les réptiles, & les quadrupédes, ou bétes à quatre piés.

4 Il y a plusieurs éspéces de poissons, tant de mér que de riviére, comme le saumon, la dorade, le brochet, la morue : la carpe, la truite, la pérche, l'anguille & l'écréviffe.

5. Il y faut joindre les monstres marins, comme le Dauphin & la Baleine.

6. Les poissons produisent leurs petits vivans, ou ils ne produisent que des œufs.

7. Il y en a qui ont des nageoires & des écailles : il y en a qui n'ont ni l'un ni l'autre, & il y en a qui n'ont que l'un ou l'autre.

8. Dans la Loi de Moïse, ceux qui n'avoient point de nageoires, ni d'écailles, passoient pour immondes, & il n'étoit pas pérmis d'en mangér.

---

# SECTION SIXIEME.

## *Les Volatiles & les Réptiles.*

1. Les volatiles sont, ou des oiseaux ou des inséctes volans. Du nombre des inséctes sont, les mouches, les cousins, les abeilles,

les bourdons, les guêpes, les frélons, les cigales, les papillons, les éscarbots, les grillons & les sauterélles.

2. Il y a d'autres inféctes qui n'ont point d'ailes & qui ont des piés, comme la fourmi, l'araignée, le scorpion, la punaise, la puce, le pou, & la chenille de divérses sortes.

3. Quélques-uns n'ont point de piés, & se traînent à térre, comme la sangsue : le le vér, *ou vérmine :* le vér de térre, *qui s'engendre ou dans la térre, ou dans les entrailles des hommes & des animaux :* la teigne *ou* la tigne, *petit vér qui ronge la laine, les livres, &c.* le vér *qui ronge le bois, &c :* Le ciron : la limace, *ou le limaçon :* & l'éscargot, *qui ést un gros limaçon.*

4. On peut rangér les vèrs à soie, ou dans la classe des inféctes volans, ou dans la classe de ceux qui marchent, parce qu'ils passent succéssivement de l'une en l'autre éspéce, comme font aussi plusieurs autres inféctes.

5. Tous les inféctes viénnent d'œufs, & il y en a qui définissent l'infécte, un animal qui n'a point de sang.

6. Les oiseaux sont, ou térréstres, comme le pan, la pérdrix & le faisan : ou aquatils, comme le canard & le plongeon.

7. Il y en a d'aprivoisés, comme le coq, la poule & le pigeon.

8. Il y en a d'autres qui sont oiseaux de chant, comme le rossignol, la sauvéte, le

serin,

ferin, le chardonneret, l'alouëte & le mêrle.

9. Quélques-uns imitent la voix de l'homme, comme le péroquet & la pie.

10. D'autres font bons à mangér, comme le faifan, la pêrdrix, le pigeon, le pigeon ramiér, ou pigeon fauvage ; la tourterélle, la grive, la caille, le béguefigue.

11. Les oifeaux fe partagent en grands & en petits. Les grands, que les Latins apélent, *alites*, font le héron, l'aigle, le cigne & l'oie.

12. Il y a des oifeaux carnaciérs, que l'on apéle autrement, oifeaux de proie, comme l'aigle, le milan, l'épérviér, le corbeau & la corneille.

13. Quélques-uns vivent de vérs, comme les roffignols : d'autres vivent d'hérbes, comme les oics & les poules : & il y en a qui vivent de grain, comme les pigeons.

14. Quélques-uns changent de lieu en cértains tems, comme les grues : les cicognes, les bécaffes, les cailles, les roffignols, les fauvétes & les hirondéles : & d'autres demeurent dans les mêmes endroits, comme les pérdrix & les faifans.

15. Il y a plufieurs fortes d'oifeaux de nuit, qui demeurent cachés pendant le jour, & fortent la nuit, ou pour prendre l'air, ou pour chérchér à mangér : téls font le hiboux, la chouëte & la chauve-fouris.

16. Mais la chauve-fouris ne doit point avoir place parmi les oifeaux, puifqu'élle

n'a ni béc, ni plumes, ni queue, & qu'élle ne fait point d'œufs : toutes propriétés de l'oifeau. Elle vole néanmoins, en étendant une éfpéce de membrane ou de peau, qui réffemble à deux aîles. De plus, élle marche à quatre piés : élle fait fes petits & élle les nourit de fon lait, à la maniére des quadrupédes.

17. Tous les oifeaux font leurs nids, les uns à térre dans les champs & les prairies : les autres, fur des arbres & dans les bois : quélques-uns dans les buiffons & broffailles, d'autres dans des troux de rochérs, ou dans le creux d'un arbre : ou dans des coins de bâtimens, ou dans le haut des cheminées.

18. Les oifeaux naiffent tous de la même maniére, car ils viénnent d'un œuf, que la fémélle pond dans fon nid, & qu'élle couve enfuite, & enfin, d'où élle fait éclore le petit.

19. Il y a plufieurs fortes de réptiles, dont les principaux font, le férpent, la couleuvre, la vipére, le dragon, l'afpic, le fcorpion, le bafilic, la falamandre, le léfard, & le léfard marqueté.

# SECTION SEPTIEME,

## *Les Quadrupèdes.*

1. Il y a plusieurs sortes de Quadrupédes, ou bêtes à quatre piés. Quélques-uns
font doméstiques, comme le chien & le chat,
& quélques autres fauvages, comme le lion,
le léopard, le tigre, le fangliér, & le loup.

2. Les béstiaux font des animaux apri-
voifés, qui paiffent fous la conduite de
l'homme, & ils font ou plus grands, comme l'éléphant, le chameau, le bufle, le
bœuf, le cheval, l'âne : ou plus petits, comme la brebis, la chévre, le cochon *ou* le
porc.

3. Les grands béstiaux, s'apélent bêtes de
charge, ( en latin *jumenta* ) parce qu'ils aident l'homme : comme le mulet, le cheval
& l'âne.

4. Entre les bêtes fauvages, il y en a quél-
ques-unes qui font douces, comme le cérf,
le chévreuil, le daim, le liévre, & le lapin :
il y en a d'autres plus farouches, que les Latins apélent, *bellua*, comme le lion, le léopard, la panthére, l'ours, le rhinocéros, la
licorne, le taureau fauvage, l'âne fauvage,
le fangliér, & l'hyéne.

h iij

5. Le finge, le renard, l'écureuil, le loir, le rat, & la fouris, peuvent être placés au nombre des petites bétes fauvages.

6. Il y a auffi des animaux que l'on apéle amphipies, parce qu'ils vivent partie dans l'eau, & partie fur la térre, comme le biévre, le caftor & la loutre, le crocodile & la tortue, la grenouille & le crapaut.

7. Il eft commun à tous les animaux de fe mouvoir d'eux-mémes, de fentir, de fe défendre & de prendre de la nouriture, mais ces opérations fe font d'une maniére diférente en divérfes éfpéces, felon la divérfité des parties, dont ils font compofés.

8. Ceux que nous croyons être moins parfaits, paroiffent n'avoir ni os, ni fang : mais feulement une cértaine liqueur enfermée dans des céllules éxtrêmement délicates, & céte liqueur, qu'une éfpéce de matiére fubtile, pouffe au dedans de l'animal, va & revient continuéllement par toutes les parties qu'élle nourit & entretient, comme on peut le voir dans les vérs, les limaçons & les huîtres.

9. Mais la plupart des animaux font compofés d'éfprits & de nérfs, de fang, de vénes & d'artéres, de chair, de membranes de cartilages & d'os.

10. Ils ont auffi plufieurs membres qui font comme divérs organes ou inftrumens

pour fervir à diférentes fonctions : comme
le cérveau, le cœur, le foie, le poumon, la
rate, les reins, les entrailles, les intéftins, la
bouche, la langue, les yeux, les oreilles,
les mains, & les piés.

11. Les animaux ont auffi, ou des éfpéces d'habits pour fe couvrir, comme du
poil, du crin ou de la foie, & des plumes :
ou ils ont des boucliers, pour fe garantir,
comme des écailles, des coquilles & des nageoires : ou enfin, ils ont des armes pour fe
défendre : comme le béc, les cornes, les
dents, les ongles & les cornes du pié.

---

# SECTION HUITIEME.

### *Les Membres du Corps Humain.*

1. L'HOMME, le plus parfait de tous les
animaux, eft compofé d'une âme raifonna-
ble, & d'un corps qui n'eft pas tout-à-fait
diférent de celui des bétes : mais qui néanmoins a meilleur grace, & eft beaucoup plus
parfait.

2. La tête qui eft le principal de tous les
membres, renférme le cérveau, où fe forment les éfprits, & où réfide le principe &
la caufe du mouvement.

3. Les oreilles & le front, font au-de-
vant de la tête, & le dérriére, qui eft l'oc-

*ciput* des Latins, eſt orné de cheveux.

4. Ce qu'il y a de remarquable dans la tête, c'eſt la face ou le viſage, dont la beauté conſiſte principalement, dans les yeux, les ſourcils, le nés, les joues, la bouche, les lévres, & le menton, qui eſt hériſſé de barbe dans les hommes, mais qui eſt uni & ſans poil, dans les fames & dans les enfans.

5. Le cou eſt, ſou la tête, & a ſon aſſiéte ſur l'épine du dos & ſur les épaules.

6. La partie de dérière du cou, s'apéle la nuque, & célle de devant s'apéle la gorge.

7. La gorge renférme la trachée artére, par où l'on réſpire, & le goſiér, par où déſcend le mangér & le boire. Ce ſont comme des tuyaux, dont l'un eſt cartilagineux, & l'autre nérveux.

8. Au cou, ſont atachées les épaules, d'où pendent les bras, les mains, & les doigts.

9. La poitrine qui eſt ſous la gorge, eſt afférmie par l'apui de douze côtes.

10. Le dos eſt ſous la nuque ou le chignon du cou, & il eſt ataché à l'os que l'on apéle, *ſacrum.*

11. Le cœur eſt placé au milieu de la poitrine, & eſt garanti par toutes les parties qui l'environnent. Il eſt d'une figure oblongue: ſa ſituation eſt diſpoſée de façon, que ſa partie la plus baſſe, qui finit en pointe, ſe tourne un peu vérs la mamélle gauche.

12. Le cœur qui eſt le laboratoire du ſang, reçoit le chile qui en eſt la matiére, il le perféctionne & le diſtribue dans toutes les parties du corps, qui en ſont arroſées & nouries.

13. Or comme il y a dans le cœur deux éſpéces de réſérvoirs, que l'on apéle ventricules, il y a auſſi deux mouvemens. Le premiér s'apéle diaſtole, ou de dilatation, & l'autre ſiſtole, ou de contraction.

14. Dans le mouvement apelé diaſtole, le ſang avéc le chile, matiére du nouveau ſang, eſt reçu dans le ventricule droit du cœur, d'où il entre par la grande artére, dans le ventricule gauche, & de là eſt chaſſé & pouſſé par le mouvement apelé ſiſtole, dans les artères.

15. Les artères, auſſi-bien que les vénes, ſont autant de petits canaux ſemblables à des branches, qui ſortent d'un tronc : qui en partant du cœur auquél élles tiénnent, ſe diſtribuent par tout le corps : ce qui fait que les artères participent au mouvement que le cœur leur communique & que l'on apéle le pou.

16. La fin des artères, eſt le commencement des vénes, par où le ſang retourne au cœur avéc autant de viteſſe, qu'il en eſt ſorti par les artères.

17. C'eſt là céte admirable circulation du

ſang, inconnue aux ſiécles paſſés, & qui eſt
une découverte de nos jours.

18. Le réſte de la poitrine, eſt occupé par
les poumons, qui attirant l'air par la bouche & par la trachée artère, le font paſſér
dans le cœur, pour le rafraîchir. C'eſt ainſi
que ſe fait la réſpiration, ſans laquélle les
ánimaux ne pouroient vivre.

19. La trachée artère, eſt comme une flu-
te, qui commence au haut de la gorge, &
qui ſért à attirér & à rejétér l'air. Elle eſt
attachée au poumon, par une infinité de ra-
meaux, comme une plante eſt fichée en térre, & y tient par ſes racines & par leurs fi-
bres.

20. Tout joignant la trachée artére, il y
a un canal plus intérieur & plus long, qui
ſért à faire déſcendre la nouriture, de la bouche, dans le ventricule, qui en eſt le récép-
tacle : ce canal s'apéle éſophage ou goſiér,
qui va juſqu'au diaphragme, & qui le pé-
nétre.

21. Le diaphragme eſt une large membrane muſculeuſe, qui ſépare la poitrine
du ventre : on l'apéle auſſi, *medium ſeptum.*

22. Dans la poitrine, ſont le cœur & les
poumons. Le ventre renférme le ventricule,
c'eſt-à-dire, l'éſtomac & les intéſtins, avéc
le foie, la rate & les autres viſcères.

23. La langue eſt attachée au goſiér, & eſt
enférmée entre le palais & les dents.

24. L'éſtomac eſt ſuivi du ventricule, qui peut s'étendre, & ſe reſſérér, ſelon la meſure du mangér.

25. Le ventricule ſe términe par les intéſtins, ou pour mieux dire, par l'intéſtin. Car il n'y en a qu'un en éffet, quoiqu'il ait divérs noms. Or l'intéſtin, eſt comme un long canal, dont la longueur eſt ramaſſée par diférens tours, ſelon la capacité du ventre.

26. Les alimens mâchés ou broyés avéc les dents, ſont portés dans le ventricule où ils ſe digèrent, & ſe changent en chile, qui coule enſuite dans les intéſtins. C'eſt là, que les parties les plus pures, du chile, s'étant ſéparées des groſſières, élles entrent dans les vénes lactées, qui les conduiſent dans un réſérvoir commun, d'où élles ſont portées au cœur, pour y être changées en ſang.

27. Les parties groſſières, ſont pouſſées vérs les intéſtins d'en-bas, & ſortent par l'*anus*.

28. L'urine eſt une eau ſupérflue, qui coule par les reins dans la véſſie, d'où élle eſt chaſſée dehors.

29. Il y a le long du dos, ce que l'on apéle, l'épine, qui s'étend depuis le cou, juſqu'à l'os *Sacrum*. L'épine eſt compoſée de pluſieurs vértébres, ou petits os, qui tiénnent l'une à l'autre, par des nérfs & de forts liens, qu'on apéle ligamens.

30. Ces vértèbres sont creuses, afin de renfermér une cértaine moële, qui n'est qu'une éxtension du cérveau.

31. Les côtes & la plupart des os, tiénnent à l'épine.

32. Au bas de l'épine vèrs l'os *Sacrum*, sont attachées des deux côtés, les hanches. Aux hanches, sont jointes les cuisses, & aux cuisses les jambes, qui sont tèrminées par les piés ou les plantes, qui soûtiénnent toute la machine du corps.

---

# SECTION NEUVIEME,

## *L'Esprit Humain & les Arts,*

1. L'HOMME quant au corps, aproche fort de la nature des brutes : mais on ne peut éxprimér combien il en est éloigné par l'ésprit.

2. L'âme des bêtes étant matériélle, meurt avéc leur corps : mais l'âme de l'homme étant l'image de Dieu, est immortélle, & ne périt point par la dissolution du corps.

3. C'est par élle, que nous pensons, que nous connoissons, que nous concevons, & que nous nous ressouvenons. Elle est le principe de nos doutes, & de nos délibérations, de nos jugemens & de nos raison-

nemens, de nos volontés & de nos défirs.

4. C'eft par céte partie que l'homme eft fage, qu'il a de la religion, de la prudence, de la juftice, de la foi, de la force, de la patience, de la modéftie, de la tempérance : qu'il eft chafte, diligent : en un mot, c'eft de là, que naiffent les vértus, auffi-bien que les vices, qui leur font contraires.

5. Les brutes font pouffées à agir, comme par un inftinct aveugle de la nature, & cela toujours de la même maniére : mais les hommes, au contraire, font ce qu'ils veulent, comme ils le veulent & de la maniére qu'il leur plaît.

6. De là vient céte grande divérfité d'études, d'éxércices & de conditions : de là vient, que les uns habitent les Villes & les Bourgs, & que les autres demeurent à la campagne, & dans les Villages.

7. C'eft à la campagne, que demeurent les Laboureurs, les Bérgérs, les Vignerons, les Chartiérs, les Jardiniérs, les Chaffeurs, les Pécheurs, les Oifeleurs & les Meuniérs.

8. Mais c'eft dans les Villes principalement, que font les Philofophes, les Jurifconfultes, les Docteurs, les Médecins, les Orateurs, les Poëtes, les Avocats, les Procureurs, les Notaires, les Gréffiérs, les Libraires, les Imprimeurs, les Relieurs, les Muficiens, les Comédiens, les Peintres, les Sculpteurs, les Architéctes, les Orphé-

vrès, les Graveurs, les Marchands, les Drapiérs, les Epiciérs, les Apoticaires, les Mérciérs, les Péruquiérs, les Plombiérs, les Couvreurs, les Maçons, les Tailleurs de piérre, les Vitriérs, les Aubérgiftes, les Fruitiérs, les Confifeurs, les Tapifliérs, les Brodeurs, les Cuifiniéis, les Patifliérs, les Boulangérs, les Chaircuitiérs, les Bouchérs, les Poiffonniérs, les Tifférands, les Tailleurs, les Chapeliérs, les Armuriérs, les Tourneurs, les Fripiérs, les Ravaudeufes, les Couroyeurs, les Cordonniérs, les Menuifiérs, les Charpentiérs, les Sèrruriérs, les Vaniérs, & beaucoup d'autres Ouvriérs & Marchands, de diférente éfpèce : avéc un très-grand nombre de gens fans occupation.

9. Comme Dieu eſt l'Auteur de toutes les choſes naturéles, qui dès le commencement, ont été créées de rien : de même auffi l'homme, à qui Dieu a voulu que toutes les créatures fuffent foumifes, eſt l'Auteur de toutes les choſes artificiéles, qu'il fait, non pas de rien, comme Dieu les a faites : mais en fe férvant d'une matiére, c'eſt-à-dire, des choſes que Dieu a créées.

10. C'eſt l'homme qui employe des pièrres & du bois, du plâtre & des briques, de la chaux & du fable, & toutes fortes de matiéres, pour bâtir des maiſons, des rues, des Villes & des Tours, des murailles & des Forteréfles, des Châteaux & des

Temples, des ponts & des puits. C'est lui, qui fait toutes sortes de vases & d'instrumens, d'ornemens & d'habits, & enfin tous les ustanciles & les meubles des maisons.

11. Tout ce qui se trouve dans les ateliérs & les boutiques des Ouvriérs, dans les magasins des Marchands, dans les Temples, dans les Palais des Princes & dans les maisons des particuliérs, dans les chambres, dans les sales, dans les cuisines, tout cela est de l'invention des hommes, aussi bien que les Arts & les Sciences.

12. On met au nombre des Sciences, la Morale, les Mathématiques, la Physique, la Métaphysique & la Logique. Mais l'Histoire, la Géographie, la Grammaire, la Rhétorique, la Musique, la Poëtique & la Peinture, sont du nombre des Arts : & ce sont ceux-là, qui autrefois furent nommés libéraux, par les Grècs & les Romains, comme si les autres Arts ne l'étoient point, & ne convenoient qu'à des esclaves.

## SECTION DIXIEME.

*Les Sciences & les Arts Libéraux.*

1. Il y a peu de diférence entre ces deux mots, *Art* & *Science.* L'*art* est la bonne maniére de faire quélque chose, & la *science,* est une connoissance cértaine de quélque

chofe que ce foit, & particuliérement d'une chofe naturélle. La *fcience* eft fpéculative, & fe borne à l'intélligence de la chofe, comme l'*art* eft pratique, & fe raporte à un acte ou à un éffet. Le nom de *fcience* fe prend ordinairement pour un affemblage de plufieurs connoiffances fur un même fujet : comme le nom d'*art*, fe prend pour la connoiffance des régles que l'on doit fuivre pour faire quélque action, ou pour produire quélque éffet.

2. C'eft de cét affemblage de Sciences, qu'eft compofée la Philofophie, tant vantée par les Savans, dont la principale partie eft la Morale, apelée ainfi, parce que l'on croit qu'élle forme & régle les mœurs des hommes. Mais il y a deux fortes de Morale : l'une qui eft fauffe & indigne du nom qu'élle porte : l'autre vraie, qui régle en éffet, les mœurs & les actions des hommes.

3. La fauffe morale eft célle que l'on prend dans les livres des Philofophes payens, & qui n'eft qu'une production de l'éfprit humain : au contraire, célle qui a été puifée dans les fources des Saintes Ecritures & des principes de la Foi, eft très-véritable, & très-cértaine. Quiconque en obférvera les précéptes, arivera furement & fans craindre de s'égarér, à la vie heureufe.

4. Les Mathématiques, felon la force du mot, fignifient *inftruction* en général ; mais

ordinairement on s'en fert, pour fignifiér la Géométrie, & même l'Arithmétique & l'Aftronomie. C'eft peut-être parce que ces Arts ou ces Sciences, ont été cultivées d'abord par les Grècs, qui veulent paffér pour les Inventeurs des Arts & des Sciences, *qu'ils ne tiènnent cependant, que des Egiptiens.*

5. La Géométrie, qui fignifie, *mefure de la Tèrre*, eft l'art ou la fcience de mefurér les champs & toutes fortes de grandeurs.

6. L'Arithmétique, eft l'art de bien comptér.

7. L'Aftronomie, eft l'art de diftinguér & de marquér les tems, fur le mouvement & fur le cours des Aftres.

8. La Phyfique, eft la fcience des caufes naturélles & de leurs éffets.

9. La Métaphifique, eft la fcience qui confidére les éfprits & les êtres immatériéls : comme, Dieu, les Anges, & toutes les fub-ftances fpirituélles. On l'apéle auffi, Théologie naturélle.

10. La Logique, eft la fcience qui enfei-gne à bien penfér, & qui donne des régles cértaines, pour définir, divifér & argumen-tér : & pour nous faire difcérnér le vrai, d'avéc le faux.

11. L'Hiftoire eft un récit, une défcrip-tion des faits & des actions des hommes. C'eft le témoin des tems, & la Méffagére de l'Antiquité.

. C'eſt elle qui communique une éſpéce d'immortalité aux hommes célébres.

12. La Géographie, eſt la déſcription du Globe térréſtre : c'eſt la ſcience qui aprend la connoiſſance de la ſurface de la Térre, & de la ſituation des Empires, Royaumes, Provinces, Iles, Villes, Fleuves, Riviéres, lacs, Mérs, &c.

13. La Grammaire, eſt l'art qui enſeigne à lire, à parlér, & à écrire corréctement : c'eſt-à-dire, à bien éxprimér nos penſées, par des ſignes que les hommes ont inſtitués.

14. La Rhétorique, eſt l'art de bien parlér, c'eſt-à-dire, d'employér les éxpréſſions les mieux choiſies, & les penſées les plus propres à perſuadér.

15. La Muſique, eſt l'art qui enſeigne les propriétés des ſons, capables de produire quélque mélodie ou harmonie, pour ſatiſfaire les ſens & la raiſon.

16. La Poëtique, eſt l'art de faire des Vérs & des Poêmes. Le Poême ou le Vérs, eſt un diſcours aſſujéti à cértaines régles & à cértaines meſures, ſuſcéptibles de chant & d'harmonie.

La Peinture, eſt l'art qui enſeigne à imitér & à répréſentér tous les objets de la Nature, par le moyen du déſſein & des couleurs.

La Peinture eſt la ſœur de la Poëſie.

# UNIVERSITATIS RERUM,
*brevis expositio, ad capium*
*Puerorum accommodata.*

## SECTIO PRIMA.

### *Mundi Creatio.*

1. MUNDUS habuit initium, solus Deus qui fecit mundum, nullum habuit initium.

2. Mundus est cœlum, & terra, & quidquid cœlo terrâque continetur.

3. Antequam mundus existeret, non erat, nec cœlum, nec terra, nec ullus locus : nihil erat uspiam.

4. Nihil erat omnino, præter Deum unum, æternum, omnipotentem, rerum omnium Creatorem ac Dominum supremum, qui se uno contentus & beatus, solo verbo fecit, cùm libuit, cœlum & terram, mare & omnia quæ in eis sunt, visibilia & invisibilia, corpora & mentes, homines atque Angelos.

5. Deus quidem mundum facere, poterat uno & eodem temporis puncto, sed pla-

cuit ipsi intrà sex dies opus suum absolvere.

6. Primo die, postquam creavit cœlum & terram, dixit : *fiat lux*, & facta est lux.

7. Die secundo, mediis in aquis extendit firmamentum seu aërem, quod cœlum quoque vocavit.

8. Die tertio, terram ab aquis separatam jussit è sinu suo proferre omne plantarum genus cum suis fructibus ac seminibus.

9. Tunc etiam aquæ sese receperunt in maris abyssos.

10. Unde occultis meâtibus scatere cœperunt fontes : è fontium scaturiginibus rivi manarunt, in amnes & flumina, quæ refluunt in mare undè primùm orta sunt : indè etiam existunt stagna, paludes & lacus.

11. Die quarto, creavit Deus Solem, Lunam & Stellas, ut tempora distinguerent. Indè natum est discrimen lucis ac tenebrarum, diei ac noctis. Indè metimur menses & annos. Indè vicifcitudines : notamus tempestatum quatuor, Veris, Æstatis, Autumni atque Hyemis.

12. Die quinto, Dei jussu aquæ produxerunt, quidquid natat in aquis, & volat in aëre, aves & pisces, tam mares quàm fœminas.

13. Die sexto, Deus quadrupedibus ac serpentibus, omnique animantium genere è terrâ eductis, hominem fecit ad imaginem

fuam, qui cæteris jam ab fe conditis præef-
fet; ipfi quoque fociam & uxorem dedit
mulierem, quam ex unâ de coftis ejus, cùm
obdormiffet, efformavit. Homini nomen
fuit Adam, mulieri Eva. Hi funt primi pa-
rentes omnium hominum.

## SECTIO SECUNDA.

*Mundi pulchritudo & varietas.*

1. OMNIA Dei opera funt bona & pul-
chra, atque eam ob caufam *Mundus* dicitur
illorum univerfitas.

2. Quid afpectu reverà pulchrius ac meliùs
Sole, qui cuncta interdiu colluftrat; Lunâ-
que & cæteris fideribus, quæ noctu lucent
in cœlo, noftrafque tenebras illuminant.

3. Quanta funt, quàmque immenfa æthe-
ris five aëris fpatia! ubi micant tot ignes,
ubi ventorum arbitrio aguntur nubes; ex
quibus fiunt fulgura, tonitrua & fulmina,
nives & grandines cum pluviis, imbribus,
& nimbis.

4. Terrarum verò diverfitas, quam ju-
cundum oculis exibet fpectaculum! Hic
enim cernimus montes & colles fylvis &
arboribus veftitos; illic valles, pratis & locis irriguis amœnas; alibi campos & agros
frugibus idoneos; quibufdam in locis affur-

gunt rupes & tumuli ; in aliis foffæ & hiatus fubfidunt ; alicubi vifuntur fodinæ & lapicidinæ.

## SECTIO TERTIA.

### *Lapides & Metalla.*

1. È x lapicidinis lapides & marmora exciduntur ; è fodinis verò effodiuntur metalla, humanæ avaritiæ materia.

2. In metallis numerari folent, aurum, argentum, æs, ftamnum, plumbum ac ferrum : quorum omnium pretiofiffimum eft aurum, ferrum verò duriffimum atque utiliffimum.

3. Reperiuntur etiàm in terræ vifceribus fucci quidam, qui vulgò dicuntur minerales, cujufmodi funt fal, fulphur, bitumen, nitrum.

## SECTIO QUARTA.

### *Plantæ & Arbores.*

1. Terræ fuperficies ubique veftita eft & ornata mirabili plantarum varietate, fi pauca excipias loca arida & fterilia, ubi arenæ & lapides jacent.

2. Plantæ funt vel herbæ, vel arbores, vel frutices.

3. In terræ fœtibus numerari debent variæ fungorum fpecies, fed dubium, an in plantis numerandæ fint.

4. Herbis adfcribi debent gramen, & cætera olera, qualia funt braffica, lactuca, beta, malva, cærefolium, apium, rumex; cepa, porrum, cichoreum, lentes, fabæ, lupini, & pifa.

Triticum, filigo, fecale, hordeum, avena, oriza, milium quæ funt de frugum genere, herbarum quoque fpecies quædam videri poffunt. Sed hæc non crefcunt paffim & ubique, nec nifi in agris excultis.

5. Arborum aliæ funt frugiferæ, aliæ fteriles.

6. Arbores frugiferæ ferunt aut fructus carnofos, ut malus, pyrus, cerafus & prunus; vel nuces, & glandes, ut amygdalus & juglans, fagus & quercus; vel baccas, ut juniperus.

7. Steriles vocantur, quæ nullum ferunt fructum, ut buxus, platanus, fraxinus & acer.

8. Frutices funt quodammodò medii inter herbas & arbores, ut vitis, rubus & fambucus, quibus addi poffunt rofa, nardus, falvia, hyffopus & thymum.

9. Inter arbores funt quarum folia perpetuò virent, ut oleæ, palmæ, lauri & cu-

preſſi. Sunt & quarum folia ſunt decidua ; ut ficus, caſtaneæ, ulmi, quercus, betulæ, coryli, quæ ſcilicet Autumno foliis ſpoliantur.

10. Aliæ montibus gaudent, ut cedrus, pinus & abies ; aliæ valles amant & loca irrigua, ut alnus, ſalix & populus.

11. Ex trunco exiſtunt rami, qui latè panduntur & frondibus umbram faciunt.

12. Plantæ omnes terræ ſolo adhæreſcunt radicibus, quarum ope combibunt ejuſdem humorem ſeu ſuccum, qui ſuccus inter corticem & lignum permeans, plantam nutrit ; gemmaſque primùm profert, deinde folia cum floribus, ac demum fruſtus cum ſuis ſeminibus.

---

# SECTIO QUINTA.

## *Animantes & Piſces.*

1. In animantibus haud minor reperitur varietas, quam in plantis. Sunt autem animantia veluti plantæ quædam mobiles. Nam inter utrumque genus intercedit aliquid commune. Plantæ æquè ut animalia, creſcunt & aluntur generant & generantur.

2. Hoc potiſſimum à plantis differunt animalia, quod plantæ humi ſint defixæ & im-

mobiles, animantia verò à seipsis moveantur, hucque & illuc quasi libero motu sese conferant, cibi quærendi causâ.

3. Plurimæ sunt animantium formæ, quæ ad quatuor genera referri possunt, pisces, volucres, reptilia, & quadrupedes.

4. Piscium multæ sunt species, tum marinorum, tum fluviatilium, cujusmodi sunt salmo, aurata, lucius, morua, cyprinus seù carpio, trutta, perca, anguilla, & cancer.

5. His adjungendæ belluæ marinæ seu cete, ut delphinus & balæna.

6. Pisces vel sunt vivipari, vel ovipari.

7. Alii pinnas & squammas habent; alii utroque carent, vel alterutro.

8. In Lege Moysis pro immundis habebantur, quibus squammæ & pinnæ desunt; unde iis vesci nefas erat.

---

# SECTIO SEXTA.

## *Volucres & Reptilia.*

1. VOLUCRES vel aves sunt, vel quæ dicuntur insecta volantia. De genere insectorum sunt muscæ, culices, apes, fuci, vespæ, crabrones, cicadæ, papiliones, scarabæi, grilli & locustæ.

2. Alia sunt quædam insecta alis carentia,

quæ pedibus gradiuntur, ut formica, aranea, fcorpius, cimex, pulex, pediculus, bruchus, & eruca multiplicis fpeciei.

3. Nonnulla pedibus carentia humi reptant, ut hirudo, vermis, lumbricus, *qui aut in terrâ, aut in hominum ac brutorum animantium vifceribus nafcitur.* Tinea, *quæ lanam, libros, &c :* Teredo, *quæ lignum, veftes, &c, corrodit.* Acarus: limax & cochlea.

4. Bombyces referre licet vel ad genus volantium, vel ad genus gradientium; nam in utramque per vices migrant naturam, ficut & alia pleraque.

5. Infecta omnia ex ovis nafcuntur. Definiuntur à quibufdam animalia fanguinis expertia.

6. Aves funt vel terreftres, ut pavo, perdix & phafianus; vel aquatiles, ut anas & mergus.

7. Nonnullæ funt cicures, ut gallus, gallina & columba.

8. Canoræ funt aliæ, ut lufcinia, curruca, acanthis, carduelis, alauda, & merula.

9. Quædam voces humanas imitantur, ut pfittacus & pica.

10. Aliæ funt edules feu vefcæ aut cibariæ; quæ ad efum idoneæ funt, ut columba, palumbes, turtur, turdus, coturnix & ficedula.

11. Aves diftribuuntur in majores ac minores.

ſiores. Majores alites propriè dicuntur, quales ardea, aquila, cygnus ſeu olor, & anſer. In minoribus aviculis, notiſſimæ ſunt, paſſer, frigilla, motacilla, hirundo, & regulus.

12. Inter aves aliquæ ſunt carnivoræ & rapaces ſeu prædatrices, quales ſunt aquila, milvius & accipiter, corvus & cornix.

13. Veſcuntur quædam vermiculis, ut luſciniæ; aliquæ herbis, ut anſeres & gallinæ; nonnullæ frugibus ut columbæ.

14. Sunt quæ mutant loca certis temporibus, ut grues, ciconiæ, ruſticulæ, coturnices, luſciniæ, currucæ, & hirundines: ſunt & quæ in iiſdem locis manent, ut perdices & phaſiani.

15. Multiplex eſt ſpecies avium nocturnarum, quæ quidem deliteſcunt interdiu, noctu verò prodeunt vel ad auram, vel ad prædam: tales ſunt bubo, noctua & veſpertilio.

16. Sed veſpertilio inter aves numerandus non eſt, cum non habeat nec roſtrum, nec plumas, nec caudam, nec pariat ova: quæ omnia propria ſunt avium: volat tamen, membranam ſeu pellem quandam expandendo, tanquam binas alas; deinde pedibus quatuor graditur, paritque pullos, quos & lacte nutrit more quadrupedum.

17. Aves omnes nidificant, aliæ quidem in agris & pratis; aliæ verò in arboribus &

ſylvis; quædam in dumis & vepribus; nonnullæ in foraminibus petrarum, aut in cavis
arborum, aut in tectorum angulis, aut in
faſtigiis caminorum.

18. Omnium ſimilis eſt ortus : omnes enim
naſcunturex ovo, quod fœmina primùm de-
ponit in nido, ac deinde incubando fovet,
tùm demùm pullum ex eo excludit.

19. Multæ ſunt reptilium ſpecies, in quibus præcipui ſunt ſerpens, coluber, vipe-
ra, draco, aſpis, ſcorpio, baſiliſcus, ſala-
mandra, lacerta & ſtellio.

---

# SECTIO SEPTIMA.

## *Quadrupedes.*

1. QUADRUPEDUM genus multiplex
eſt : quædam ſunt domeſticæ, ut canis & fe-
lis; quædam verò feræ, ut leo, pardus,
tigris, aper, & lupus.

2. In domeſticis numerandæ ſunt, quæ
dicuntur pecudes. Sunt autem pecudes animalia cicurata, quæ ſub hominis imperio
pabulum capiunt; ſuntque vel majores, ut
elephas, camelus, bubalus, bos, equus,
aſinus : vel minores, ut ovis, capra, & ſus
ſeu porcus.

3. Quæ majores ſunt, dicuntur etiam

*jumenta*, eò quod hominem juvent, ut mulus, equus & asinus.

4. Inter feras, nonnullæ funt mitiores, ut cervus, caprea, dama, lepus, & cuniculus; quædam verò funt ferociores, atque illæ, vulgo belluæ vocantur, ut leo, pardus, panthera, urfus, rhinoceros, monoceros, bonafus, onager, aper & hyæna.

5. Inter minores feras, locum habere poffunt, fimius, vulpes, fciurus, glis & mus.

6. Sunt & animalia quæ vocantur amphibia, quod fint partim aquatica, partim terreftria; ut fiber, caftor & lutra, crocodilus & teftudo, rana & bufo.

7. Animalium omnium commune eft à feipfis moveri ac fentire, fe tueri ac cibum fumere; fed hæc in fpeciebus diverfis diverfa fiunt ratione pro diverfitate partium quibus conftant.

8. Quæ tanquam minùs perfecta effe credimus, ea non videntur habere nec offa, nec fanguinem, fed tantum liquorem quemdam tenuiffimis inclufum cellulis, qui liquor intus agitante & movente quodam aëre fubtili, reciproco fluxu it & redit ad partes fingulas, quas nutrit, & fovet, ut in vermibus, limacibus & oftreis.

9. At pleraque conftant fpiritibus ac nervis, fanguine, venis & arteriis, carne, membranis, cartilaginibus atque offibus.

10. Plurimus etiam inſtructa ſunt membris, tanquam variis ad varias actiones obeundas organis, cujuſmodi ſunt cerebrum, cor, jecur, pulmo, lien, renes, viſcera, inteſtina, os, lingua, oculi, aures, manus ac pedes.

11. Data ſunt quoque animantibus, vel veſtimenta quibus ſe muniant, ut pili, ſetæ & plumæ, vel ſcuta, quibus ſe protegant, ut ſquammæ, teſtæ, & pinnæ; vel arma quibus ſe tueantur, ut roſtrum, cornua, dentes, ungues, & ungulæ.

# SECTIO OCTAVA.

## *Humana Membra.*

1. HOMO animantium omnium perfectiſſimus conſtat animâ rationis participe & corpore, quadrupedum quidem corporibus non omnino diſſimili, ſed tamen longe decentiori & aptiori.

2. Caput, omnium membrorum præcipuum, cerebrum continet, ſpirituum officinam, movendique principium & fontem.

3. Pars capitis anterior complectitur frontem & aures; pars verò poſterior, quæ dicitur *occiput*, capillis ornatur.

4. In capite maximè conſpicua eſt facies,

seu vultus, cujus decor exiſtit potiſſimum ex oculis, ſuperciliis, naſo, genis, ore, labiis & mento, quod quidem in viris barbâ hiſpidum eſt, glabrum verò in pueris & fœminis.

5. Capiti ſubjicitur collum ſpinæ dorſi atque humeris inſitum.

6. Poſterior colli pars, cervix dicitur; anterior verò guttur, ſeu jugulum.

7. Guttur continet aſperam arteriam per quam ſpiritus ducitur, & gulam per quam cibus & potus tranſmittitur. Hæ ſunt tanquam fiſtulæ, quarum una cartilaginea eſt, altera nervoſa.

8. Collo adhærent humeri, ex quibus dependent brachia cum manibus ac digitis.

9. Gutturi ſubeſt pectus coſtis duodecim firmatum.

10. Cervici ſubjicitur dorſum cum eo connexum oſſe quod *ſacrum* apellatur.

11. Cor intra pectus collocatum, præcordiiſque munitum, turbinis figuram imitatur; ita tamen, ut parte infimâ, quæ eſt turbinata, paulùm vergat ad ſiniſtri lateris mammam.

12. Cor ſanguinis, officina chilum ſanguinis materiam intercipit, interceptamque perficit ac diſtribuit in omnes partes, ſicque totum corpus rigat & alit.

13. Sunt autem in corde, ut duo receptacula quos vocant ventriculos, ita duo

motus, primùs dictus diastoles, seu dila-
tationis, alter siftoles, seu contractionis.

14. In diaftole sanguis, & cum eo chilus
novi sanguinis materia dextro cordis ven-
triculo excipitur, unde per arteriam, quam
dicunt venosam, influit in siniftrum ventriculum; atque inde extruditur & protrudi-
tur per fiftolem in arterias.

15. Sunt autem arteriæ, sicut & venæ canaliculi quidam ramorum inftar è trunco
prodeuntium, à corde, cui àdhærent per
universam corporis compagem difpertiti;
quò fit, ut arteriæ fint participes motus à
corde impressi, qui motûs vulgò dicitur
pulfus.

16. Ubi definunt arteriæ, ibi incipiunt
venæ, per quas fanguis in cor refluit pari ce-
leritate, atque inde per arterias effluit.

17. Atque hic eft mirabilis fanguinis cir-
cuitus præteritis feculis incognitus, memo-
randum ætatis noftræ inventum.

18. Reliquam pectoris, seu thoracis capa-
citatem occupant pulmones, qui fpiritum
per os & afperam arteriam ex aëre ductum
in cor tranfmittunt ad illud refrigerandum:
hac ratione fit refpiratio finè quâ vivere animantia non poffunt.

19. Eft autem afpera arteria velut fiftu-
la quædam à faucibus orta, per quam fpi-
ritus attrahitur & emittitur: ea pulmoni-
bus adhærefcit per innumeros ramufculos,

ficut planta defixa eſt humi per radices fi-
braſque radicum.

20. Arteriæ aſperæ conjuncta eſt altera
fiſtula interior & longior, per quam cibus
demittitur ab ore in ventriculum, quod eſt
cibi receptaculum; hæc vocatur œſophagus
feu gula, porrecta uſque ad diaphragma
quod penetrat.

21. Diaphragma eſt lata membrana muſ-
culoſa quæ pectus ſeparat à ventre. Vocatur
etiam *medium ſeptum.*

22. In pectore ſunt cor & pulmones; in
ventre autem ventriculus & inteſtina, cum
jecore, liene aliiſque viſceribus.

23. Faucibus adhæret lingua incluſa pa-
lato & dentibus.

24. Stomachum excipit ventriculus, qui
pro cibi copiâ extendi, contrahique poteſt.

25. Ventriculus definit in inteſtina aut
inteſtinum potius, nam re ipſâ unicum eſt,
quamvis nomine multiplex. Eſt autem inteſtinum inſtar longiſſimi canaliculi, cujus lon-
gitudo variis flexibus ac gyris contrahitur
pro alvi capacitate.

26. Alimenta dentibus confecta, inge-
runtur in ventriculum; ubi coquuntur &
mutantur in chilum, qui deinde influit in
inteſtina. Ibi puriores chili partes à fæculen-
tis excretæ exſuguntur, ac deducuntur in
commune quoddam receptaculum, unde

in cor deferuntur in fanguinem conver-
tendæ.

27. Partes fæculentæ ad inferiora inteſtina pelluntur & per anum foras ejiciun-
tur.

28. Lotium verò feu urina, eſt aquofus
humor fuperfluus; per renes in vēſicam in-
fluens, unde foras propellitur.

29. Dorſum habet eam, quam vocant,
ſpinam, collo ad os *facrum* ufque proten-
fam, multis conſtantem vertebris, quæ nervis ligaminibufque duris colligantur.

30. Illæ vertebræ funt excavatæ ad con-
tinendam medullam quandam è cerebro
promanantem.

31. Spinæ ipſi infertæ funt coſtæ atque
offa pleraque.

32. Infimæ parti ſpinæ ad os facrum
utrimque coxæ adjunctæ funt; ſicut coxis
femora, & femoribus crura; crura verò definunt in pedes feu plantas, quibus tota corporis machina innititur.

# SECTIO NONA.

*Mens humana & Artes.*

1. Homo quidem corpore propius acce-
dit ad brutorum animantium naturam; verùm ab iisdem dici vix poteſt quantùm men-
te abſcedat.

2. Anima brutorum cum tota ſit corpo-
rea, ſimul cum corpore extinguitur; verùm
hominis anima cum ſit Dei ipſius imago,
immortalis eſt, neque morte extinguitur.

3. Ipſa eſt principium cogitandi & cog-
noſcendi, intelligendi & recordandi, dubi-
tandi & deliberandi, judicandi & ratioci-
nandi, volendi & amandi.

4. Illâ ſui parte homo ſit ſapiens, religio-
ſus, prudens, juſtus, fidelis, fortis, pa-
tiens, modeſtus, temperans, caſtus, dili-
gens. Denique indidem omnes naſcuntur,
quæ dicuntur virtutes, non ſecus ac vitia
virtutibus contraria.

5. Animantes cæco quodam quaſi naturæ
impetu ad agendum impelluntur, idque
ſemper eodem modo; homines verò faciunt
quod volunt, atque ut volunt, & quibus
libet modis.

6. Hinc tanta inter eos diverſitas ſtudio-
rum, exercitionum & conditionum. Hinc

fit ut alii habitent in urbibus atque oppi-
dis; alii ruri & in villis.

7. Ruri degunt Aratores, Paſtores, Vini-
tores, Rhedarii, Hortulani, Venatores, Piſ-
catores, Aucupes, Molitores, &c.

8. In urbibus præcipuè verò manent Philo-
ſophi, Juriſconſulti, Magiſtri, Medici, Ora-
tores, Poëtæ, Advocati, Procuratores, Ta-
belliones, Scribæ, Bibliobolæ, Tipographi,
Compactores librorum, Muſici, Comœdi, Pi-
ctores, Sculptores, Architecti, Aurifices, Cæ-
latores, Mercatores, pannorum Negotiato-
res, aromatum Propolæ, Pharmacopolæ,
miſcellarum mercium Propolæ, comarum
Concinnatores, Plumbarii, tegularum Diſ-
poſitores, parietum Structores, Lapidarii,
Specularii, Tabernarii, Pomarii, fructuum
Conditores, tapetum Textores, Phrygiones,
Coqui, Cupediarii, Piſtores, Botularii, La-
nii, Cetarii, Textores, Veſtiarii, petaſo-
rum Propolæ, armorum Fabri, Tornato-
res, Interpolatores, Sartrices, Coriarii,
Sutores, Fabri lignarii, Materiarii, Ferra-
rii, viminearum operum Artifices, aliaque
benè multa variorum opificum ac mercatorum, nec non & otioſorum hominum turba
propemodùm infinita.

9. Quemadmodùm Deus eſt Autor rerum omnium naturalium, quæ primùm ex
nihilo creatæ ſunt; ſic etiam homo ab ipſo
Deo conſtitutus rerum creatarum Domi-

nus, auctor est omnium rerum artefacta-
rum quas facit, non quidem ut Deus ex nihilo, sed ex materiâ, hoc est, ex rebus priùs
à Deo conditis.

10. Ipse est qui ex lapidibus & lignis, ex
gypso & lateribus, ex calce & arenâ atque ex qualibet materiâ fabricat domos
& vicos, urbes & turres, muros & arces,
castella & templa, pontes & puteos: facit
quoque vasa quælibet & instrumenta, vestes
& ornamenta, totamque domorum supelle-
ctilem.

11. Quæcumque reperiuntur in officinis
Opificum, in Mercatorum tabernis, in Tem-
plis, in Regum Palatiis, in Ædibus Priva-
torum, in cubiculis, in cœnaculis, in culi-
nis, ea sunt hominum inventa, sicut & Artes & Scientiæ.

12. In Scientiis numerant Ethicam, Ma-
thesin, Physicam, Metaphysicam ac Logi-
cam; in Artibus verò Historiam, Geogra-
phiam, Grammaticam, Rhetoricam, Mu-
sicam, Poëticam & Picturam, quæ olim à
Græcis & Romanis dictæ sunt Artes liberales,
quasi cæteræ essent illiberales aut serviles.

# SECTIO DECIMA,

*Scientiæ & Artes Liberales.*

1. Parùm admodùm inter se differunt hæ duæ voces, *Ars & Scientia. Ars*, est recta ratio rei alicujus efficiendæ; *Scientia* verò est cognitio certa rei cujuslibet, ac potissimum rei naturalis. Hæc speculativa est, ut vocant, & rei cognitæ intellectu contenta; illa verò practica, referturque vel ad actum, vel ad effectum. Scientiæ nomen vulgò usurpatur pro complexione multarum cognitionum ad rem eandem pertinentium: sicut ars sumitur pro comprehensione earum regularum, quæ ad agendum, aut aliquid operis efficiendum referuntur.

2. Ex Scientiarum collectione existit ea, quæ doctorum hominum laudibus tantopere celebratur Philosophia, cujus pars præcipua est Ethica seu Moralis, ab humanis moribus, quos instituere creditur, sic appellata. Sed ea duplex est, una falsa suo nomine indigna; altera vera, hominum mores reipsà instituens.

3. Falsa est ea, quæ petitur ex Ethnicorum Philosophorum libris, quæque nihil aliud est, nisi humani ingenii fœtus; contrà verò quæ hausta est ex puris Sacrorum Bi-

bliorum fontibus , atque ex fidei Christianæ dogmatis, veriſſima eſt ac certiſſima. Hujus præceptis qui obtemperabit, is beatam ad vitam perveniet finè ullo errandi periculo.

4. Mathesis secundum vim vocis, diſciplinam quamcumque ſonat, ſed ferè ſumitur pro Geometriâ, atque etiam pro Arithmeticâ & Aſtronomiâ ; ideò fortaſſis quia illæ ſivè Artes, ſivè Scientiæ, primùm excultæ fuerunt à Græcis, qui videri volunt Artium & Scientiarum inventores, *quæ tamen illis ab Ægyptiis tradita ſunt.*

5. Geometria, quæ terræ menſuram ſonat, eſt ars ſeu ſcientia menſurandi agros, & quamcumque aliam magnitudinem.

6. Arithmetica, eſt ars benè numerandi.

7. Aſtronomia, eſt ars temporum ex ſiderum motu & curſu definiendorum.

8. Phyſica, eſt ſcientia cauſarum naturalium, & earum effectuum.

9. Metaphyſica, tractat de rebus ſpiritalibus & à materiâ abſtractis, ut ſunt Deus, Angeli, & res omnes ſpiritales. Vocatur etiam Theologia naturalis.

10. Logica, eſt ars rectè cogitandi, quæ certas tradit regulas ad definiendum, dividendum, argumentandum ac verum à falſo ſecernendum.

11. Hiſtoria, eſt rerum ab hominibus geſtarum narratio. Teſtis eſt temporum, nun

cia vetuſtatis , quæ celeberrimos quoſque
viros immortalitati commendat.

12. Geographia , eſt terræ deſcriptio.
Scientia eſt quæ docet terræ ſuperficiem ac
ſitum Imperiorum , Regnorum , Provincia-
rum , Inſularum , Urbium , Fluminum , Ri-
vorum , Lacuum , Marium , &c.

13. Grammatica, eſt ars rectè legendi, lo-
quendi & ſcribendi , hoc eſt , cogitationes
mentis ſignis ab hominibus inſtitutis expri-
mendi.

14. Rhetorica , eſt ars benè dicendi, hoc
eſt, lectiſſimis verbis, & ſententiis maximè
appoſitis ad perſuadendum dicendi.

15. Muſica, eſt ars quæ docet ſonorum
proprietates, ex quibus exiſtit : harmonia,
ſenſuſque & ipſa ratio delectantur.

16. Poëtica, eſt ars fingendi verſus & car-
mina. Carmen autem ſeu verſus , eſt Oratio
regulis ac numeris quibuſdam adſtricta , ad
modos idonea.

17. Pictura, eſt ars imitandi atque effin-
gendi graphide & coloribus quidquid eſt in
rerum naturâ.

Pictura ſoror eſt Poëſeos.

D A N S mon Livre imprimé en 1741, j'ai donné des Réfléxions, sur la Méthode du Bureau Tipographique, qui prouvent :

1°. Que M. Dumas, Auteur de céte machine apelée, *Bureau*, n'eſt point Auteur de la nouvelle Méthode pour aprendre à lire, qu'élle vient de mon Pére, qui l'avoit fait imprimér dès l'année 1719. c'eſt-à-dire, plus de 10. ans avant la naiſſance de ce *Bureau*.

2°. Que M. Dumas, en donnant la même Méthode, au lieu de l'avoir pérfectionnée, n'avoit fait que la gâtér & l'embrouillér, par mille puérilités très-nuiſibles au progrès des enfans.

M. Dumas parut enſuite dans le Mércure, comme un Anonime, pour répondre à mes Réfléxions. M. l'Abbé de la Sérre, entreprit ma défenſe, il répondit à M. Dumas par une Létre inſérée dans le Mércure du mois de Janviér 1742. page 18.

Je vais raportér céte Létre, afin de faire connoître au Public, ce que penſent tous les Savans, de la nouvélle Méthode, à qui ils en atribuent l'invention, & le paraléle qu'ils font de *la Méthode de ce Bureau*, avéc la nôtre.

On véra, quoique M. Dumas ne fût que le Copiste & le Plagiaire de notre ouvrage, néanmoins que voulant tâchér de se l'apropriér, il l'avoit rendu ridicule, par mille singularités contraires au progrès des enfans.

---

*LETRE de* M. l'Abbé de la Sérre, *Chanoine de l'Eglise de Langres, pour sérvir de Réponse à la Lètre d'un Anonime* (a)*, insérée dans le Mércure de France, du mois d'Octobre* 1741.

J'ai lu, Monsieur, dans le Mércure de France d'Octobre dérniér, une Lètre d'un Séctateur du Bureau Tipographique, intitulée : *Suite de la Bibliotèque des Enfans, ou Lètre en réponse à l'Auteur* (b) *des Réfléxions sur la Méthode du Bureau Tipographique,* 1741. & qui commence par ces mots :

*Méssieurs les Journalistes, M. vous donneront l'éxtrait du Livre* (c)*, qui vient de paroître, sous le titre de Méthode pour aprendre*

---

(a) Cét Anonime étoit M. Dumas, Auteur du *Bureau Tipographique.*

(b) M. de Launay.

(c) C'est la Méthode imprimée en 1741. dont on a vu le titre, au commencement de l'Avértissement de ce Livre.

*à lire, &c: avéc des Réfléxions fur la Théorie & fur la Pratique, de la Méthode du Bureau Tipographique, &c.*

Cét Anonime a divifé fa Létre en 20. articles, qui font numérotés, je me fuis chargé de réfutér quélques-uns de ces articles, laiffant à l'Auteur (a) du nouveau Livre, le foin de répondre aux autres, lorfqu'il le jugera à propos, mais je tâcherai d'être auffi court, que cét Ecrivain eft prolixe. Ce que j'éxpoferai, fera moins une production de moi-même, que l'autorité des Savans, qui ont honoré ce Livre de leurs fufrages & de leurs éloges.

On voit dans céte Létre, une paffion marquée, à chaque phrafe, cét Ecrivain afféte de faire part au Public de fon reffentiment, & quoique tout fon objet ne tende qu'à critiquér ce Livre, d'une maniére même très-mécanique, cependant il ne peut s'empéchér de lui accordér quélques louanges. Voici ce qui lui eft échapé au milieu de fa critique.

Page 2159. *On doit convenir*, dit-il, *que le Livre de M. de Launay eft éxcéllent pour les Maîtres & pour les Parens, &c.*

On demande à cét Ecrivain, quél ufage

––––––––––––––––––––

(a) M. de Launay.

les Maîtres & les Païens, peuvent faire de
l'excéllence de ce Livre, si ce n'eſt de ſe
métre en état de formér les enfans, & de les
avancér par ſon moyen ?

Page 2159. il dit encore :

*Qu'on éxalte tant qu'on voudra le Livre du
jour, Paris & plus de 40. Villes de l'Europe,
ne feront pas quitér les éxércices du Bureau Tipographique, &c.*

Preuve donc, ſelon lui-méme, que l'on
dit beaucoup de bien du Livre de M. de
Launay, & qu'il eſt bien reçu du Public.
Ce fameux Critique ſe répand beaucoup
en puérilités & en faits étrangérs, il craint :

*Que cête édition-ci, quoique plus étendue que
la premiére, ne ſoit peut-être pas auſſi métho-
dique, pour uſér de ſes térmes, & il croit
que M. de Launày n'a pas aſſés réſpécté l'ouvrage de ſon Pére, ni aſſés conſulté le goût du
Public, &c.*

On ſe contentera pour le raſſurér, de lui
remétre ſous les yeux, ce qu'en ont dit les
Auteurs publics,

*Le Journal des Savans du mois d'Avril
1741. Le Mércure de France du mois de Mai
ſuivant : Le Journal de Trévoux du mois de
Juin auſſi 1741. Le Journal de Vérdun du
même mois. M. l'Abbé Goujet, dans ſa Bibliotéque Françoiſe, & M. l'Abbé des Fontaines.*
Tous ces Savans en parlent avéc éloges.

Le Journal des Savans, à la fin de l'éxtrait de ce Livre, qui eſt accompagné de réﬂéxions avantageuſes, pages, 747. 48. 49. & 50. dit :

*On voit dans toutes ces Obſervations, des vues très réﬂéchies, & qui ſupoſent de la part de l'Auteur, bien des connoiſſances, ſur toutes les matières dont il traite.*

Le Mércure de France du mois de Mai 1741. pages, 949, 50, 51. 52. & 53. après avoir auſſi rendu compte de ce Livre, finit l'éloge qu'il en fait, par ce qui ſuit :

*Toutes les pérſonnes de goût, à qui ce nouvél Ouvrage a été communiqué, en ont paru très ſatisfaites. Le plan en eſt cèrtainement utile, en ce qu'il tend à pèrféctionnér & ſur-tout à abrégér, circonſtances très-éſſentièlles en matières d'éducation. A l'égard de la manière dont ce plan eſt éxécuté, les Lécteurs en jugeront par eux-mêmes, & s'ils n'ont point de préventions antérieures, ou qu'ils ſoient capables de s'en délivrér, ils ſentiront bientôt, qu'èlle eſt d'une main auſſi habile, qu'attentive.*

Le Journal de Trévoux, page 1139, dit :

*Cète Méthode publiée en 1719. par feu M. de Launay, a été fort aprouvée, on en a trouvé l'uſage commode & avantageux, &c....*

Le Journal de Verdun, après avoir éxpo-
posé le titre, pages, 408. 409. & 410,
dit :

*Ce titre détaillé me laisse peu de chose à di-*
*re de l'ouvrage même. C'est proprement la Mé-*
*thode de M. de Launay, ou l'Art d'aprendre*
*à lire le François & le Latin, imprimée en*
*1719. Elle ut dès-lors l'aprobation de M. l'Ab-*
*bé Bignon & de plusieurs autres pèrsonnes di-*
*stinguées par leurs talens & par leurs lumiè-*
*res, qui en reconnurent l'utilité & aplaudirent*
*au zéle & aux vues de l'Auteur. M. de Lau-*
*nay le fils, marchant sur les traces de son Pére,*
*& animé du même zéle, nous donne aujour-*
*d'hui cète même Méthode réformée & perfé-*
*ctionnée, dans un état enfin à devenir encore*
*plus utile au Public, & à mériter son su-*
*frage.*

*Je ne m'étendrai point sur les louanges de*
*cète nouvèlle Méthode. Pour donnèr une idée*
*de son mérite & de ses avantages, il suffit de*
*dire, qu'èlle est le fruit d'une pratique consom-*
*mée, & de plus de quinze années d'éxpérience,*
*pendant lésquèlles èlle a été mise en usage, avèc*
*un succès reconnu du Public. Les témoignages*
*avantageux qu'en ont rendu plusieurs Savans*
*à qui èlle a été communiquée, & les attèsta-*
*tions autentiques dont èlle est munie, ne lais-*
*sent aucun lieu de doutér de son utilité, non*
*plus que du sèrvice que l'Auteur rend au Pu-*

*blic*, en lui faisant part d'un ouvrage qui facilite l'éducation, le bien le plus précieux & le fondement de tout le rêste de la vie.

M. l'Abbé Goujet, dans les additions & corréctions faites à la premiére édition des deux premiérs Volumes de la Bibliotéque Françoise, & qui se trouvent à la tête du troisième Volume, dit :

*Méthode de M. de Launay, ou l'Art d'a-prendre à lire le François & le Latin, & l'Or-tographe, par un nouveau Siflême si aifé, qu'on y fait plus de progrès en 3. mois, qu'en 3. ans par la manière ordinaire : corrigée, pèrféctionnée & augmentée considérablement : avéc des Réflèxions sur le Siflême du Bureau Tipogra-phique, & un nouveau Siflême d'Ortographe : par M. de Launay, fils de l'Auteur. Paris : 1741. in-12.*

On voit ici que ce Savant, n'eft point du fentiment de notre Critique, il ne trouve pas que cét ouvrage ait été gâté : au con-traire, il dit : *corrigé, pèrféctionné, & aug-menté considérablement, avéc, &c.*

M. l'Abbé Desfontaines, Auteur des Ob-férvations sur les Ecrits Modérnes, dans sa Létre 352e, du 6. Mai 1741. Tom. 24. pa-ges, 167. & 68. dit :

*Il paroît depuis quêlques jours, un Livre in-12. qui contient & explique la Méthode de feu M. de Launay, célèbre Maître de Penfion à*

*Paris*, *il eſt intitulé* : Méthode pour aprendre à lire le François & le Latin, par un Siſtême ſi aiſé & ſi naturél, qu'on y fait plus
de progrès en 3. mois, qu'en 3. ans, par
la Méthode anciénne & ordinaire, contenant, &c.

*En attendant que j'aye le tems de vous ren-
dre compte de cète admirable invention, je me
contente de vous dire aujourd'hui, que c'eſt la
Méthode du Monde, la plus judicieuſe, la plus
ſimple, la plus naturèlle, & qu'èlle ne contient
que* 7. *ou* 8. *Leçons aiſées à concevoir & à retenir.* Quèlle comparaiſon de cète Méthode avèc
l'anciènne, qu'on peut apelèr abſurde! Elle n'a
rien de commun avèc le Bureau Tipographique, dont la Méthode eſt à la vérité moins
ridicule que l'anciènne, mais qui eſt cent fois plus
compoſée & plus épineuſe que la nouvèlle, puiſqu'èlle contient plus de* 2 5 0. *leçons, ſans comptér
des principes innombrables. Ici, tout eſt raiſonna-
ble, tout eſt précis, tout eſt ſimple, tout eſt facile.
Il n'y a point de Maître, point de Maîtrèſſe, qui
n'en puiſſe faire uſage en deux jours d'étude,
pour l'enſeignèr à ſes élèves, & il n'y a point
d'enfant de* 3. *à* 4. *ans, qui n'aprènne de cète
manière auſſi aiſément à lire, qu'à articulèr les
mots.* C'eſt le fils de M. de Launay à qui nous
ſommes redevables de la publication & de l'èxplication de cète èxcèllente Méthode. M. Goujet l'avoit indiquée dans ſa Bibliotèque Fran-

çoiſe, ſans l'èxpliquér. Faut-il que ce tréfor ait été caché ſi long tems ! Je ne crains point que les éloges que je lui donne paroiſſent outrés à un homme ſenſé.

Le même Auteur des Obſérvations ſur les Ecrits Modèrnes, dans ſa Lètre 369e. du 12. Août 1741. Tome 25. pages, 192, 14. 15. 16. 17. 18. 19. & 200. dit encore :

*Je vous ai annoncé*, M. la nouvélle Méthode de M. de Launay, pour aprendre à lire, *mais ſans entrèr ici dans un grand détail ſur cète matière, je vais vous èxpliquér aujourd'hui, le plus brièvement qu'il me ſera poſſible, en quoi conſiſte cète Mèthode, & en quoi èlle diffère de l'anciènne. La ſimple èxpoſition que j'en ferai, juſtifiera, je l'èſpère, les èloges que je lui ai déja donné, & ceux que toutes les pèrſonnes ſenſées ne peuvent lui refuſér.*

*Cète Mèthode conſiſte principalement* * .... *Il me ſemble que pour peu qu'on ſoit dégagé de prévention, on doit ſentir la difèrence de ces deux Mèthodes : la ſimplicité, la préciſion & la facilité de l'une : l'abſurdité, les embaras & la barbarie de l'autre. La nouvélle ne contient que 8. leçons aiſées à concevoir & à retenir. Il*

---

* Pour abrégér, on paſſe ici l'èxplication qu'il fait de cète Mèthode.

ne faut pas plus d'un mois, à l'enfant le plus tardif, pour les aprendre. *Qui* pouroit compter le nombre infini d'opérations inutiles, de principes obscurs, de sons étrangers & de burlésques articulations, que renfèrme l'anciènne ? Enfin ce qui prouve encore mieux que tout ce que nous venons de dire, l'éxcèllence de la nouvèlle *Méthode*, c'èst le succès constant * * ....

*Après* des témoignages aussi autentiques, doutera-t-on encore des avantages de la nouvèlle *Méthode*, & un rèspèct ridicule, nous fera-t-il préfèrèr une antique absurdité, à une nouveauté judicieuse & utile ?

*Il* s'èst trouvé de mauvais *Censeurs*, qui ont voulu faire passèr la nouvèlle *Méthode*, pour une répètition du *Bureau Tipographique*, mais quand on fera réfléxion que le jeu mécanique du *Bureau*, ne paroît que depuis 9. à 10. ans, que la *Méthode* dont il s'agit, avoit déja été imprimée dès 1719. c'èst-à dire, plus de 10. ans, avant la naissance de ce *Bureau*, & que feu *M. de Launay* en avoit déja fait usage dans sa *Pension* à Paris, pendant 15. autres annéés, ne sera-t-on pas forcé de convenir, que s'il y a de la ressemblance entre le *Bureau* & la nouvèlle *Méthode*, l'Auteur du *Bureau* èst plutôt copiste

---

* * On passe encore ici beaucoup de choses, pour abréger.

qu'inventeur ? Mais ces deux Méthodes se ressemblent si peu, qu'on ne peut taxér de plagiat, ni l'un ni l'autre de leurs Auteurs.

Le Bureau contient plus de 250. leçons, avéc une éffrayante multiplicité de principes, qui ne peuvent s'aprendre qu'avéc un tems considérable.

Les principes sont contenus en deux volumes in-4°. imprimés en petit caractère. Ce Livre est à la vérité pour les Maîtres du Bureau Tipographique : mais quélle cruauté, d'obligér des Maîtres d'Ecole, à lire cét ouvrage immense, & à y donnér un tems & une aplication qui suffiroient pour aprendre toute la Géométrie & toute l'Algébre !

La nouvélle Méthode ne renférme que 8. petites leçons, qu'un enfant peut aprendre en 15. jours, & un Maître en un quart d'heure. La diférence de ces deux Méthodes, se fera encore mieux sentir, si nous comparons *, &c....

Je renvoye ceux qui voudront de plus grands détails, au Livre même de M. de Launay, où ils trouveront, outre une éxplication plus étendue de sa Méthode, un Discours fort judicieux sur toutes les létres en général & en particuliér, sur les Silabes, les Mono-silabes, les Dissilabes,

---

* On passe encore ici beaucoup de choses, pour abrégér.

les *Triſſilabes* , les *Poli-ſilabes* , les *Diphtongues*, les *Triphtongues* , les *Tétraphtongues* , &c. Un *Traité des Accens & de la Ponctuation. Des Obſervations ſur la lecture du Latin. Un Abrégé de la Quantité , & autres choſes très-utiles.*

Si on veut conſultér le Cenſeur Royal , dans ſon Aprobation, on y trouvera. *J'ai lu par ordre de Monſeigneur le Chanceliér , un Manuſcrit qui a pour titre :* Méthode pour apréndre à lire le François & le Latin, par un Siſtême ſi aiſé & ſi naturél, &c. *Céte nouvélle Méthode ſera très-utile au public , & je crois rendre juſtice à l'Auteur , en diſant que juſqu'à préſent , il n'a paru rien de meilleur en ce genre.*

Si ce Critique, malgré tant de ſufrages & ſi réſpéctables, veut encore conſultér *le goût du Public* , chés les Libraires qui vendent ce Livre, il connoîtra de plus en plus, par ſon grand débit, qu'il eſt ſuivi , tant à Paris que dans les Provinces, par un grand nombre de Parens & de Maîtres.

Quoique je ne me ſois pas propoſé de répondre à céte Létre en entiér , néanmoins je ne ſaurois paſſér encore ſous ſilence , les articles qui ſuivent.

Art. 10. *Si M. de Launay* , dit notre Buraliſte, *avoit lu & conſulté les ouvrages de M. Rollin , il y auroit vu, qu'entre, &c. . .*

Non-ſeulement notre Auteur a *lu & con-*

*ſulté* les ouvrages de ce célèbre Réⱦeur de l'Univérſité de Paris , mais encore il a u l'avantage de le conſultér lui-même, pluſieurs fois en ma préſence , & notamment douze ou quinze jours avant ſa mort.

Voici une partie du diſcours de cét habile homme, dans la dérniére convérſation qu'ils urent enſemble : *Quoique je ſois accablé d'affaires , je lis aⱦuèllement votre Livre , j'en ſuis à votre plan nouveau d'Ortographe. Je vous avoue que ce que j'en ai lu, m'a ſatiſfait éxtrèmement. Je crois que vous avés rendu un grand ſérvice au Public , en lui faiſant part d'un Siſtème qui abrège & facilite l'éducation , & j'éſpére ſecondér les Journaux , en l'annonçant comme un Livre très-utile, & même indiſpenſable.*

Art. 17. Voici une de ces phraſes qui ne mériteroit point de réponſe : le zélé Tipographe dit :

*M. de Launay auroit du s'aſſociér avéc M. de Vallange , pour allér d'abord au fait , pour donnér des livres & des plumes , aux enfans à la mammèlle, &c.*

L'Auteur du nouveau Livre , ne propoſe rien de ridicule, ainſi qu'il plaît au Buraliſte de l'imaginér : mais on pourroit lui retorquér l'argument : il pouroit lui-même , s'aſſociér aux ſiſtêmes de feu M. de Vallange. Selon les Plans de Méthodes de ce dér-

niér, il vouloit établir *des Académiēs Mam-*
*millaires*, où il y auroit u des prix & des ré-
compenfes, pour ceux qui auroient le mieux
prononcé, *Papa*, *Maman.* Il aprenoit aux
petits enfans, *toutes les Sciences, les Langues,*
*les Arts, &c.* Enfin il leur aprenoit aufli *à na-*
*gér, & à glifsér*, par fes fiftêmes.

La Tipographie pouroit encore enchérir
fur lui, puifqu'élle dit, *qu'élle enfeigne de*
*même aux petits enfans, par fon Bureau,*
*toutes les Langues mortes ou vivantes, & les*
*premières notions des Arts & des Sciences, de-*
*puis l'A, B, C, jufqu'à la Théologie*, felon ce
que ce Tipographe dit lui-méme, dans la
page 2163e. de fa Létre : & le tout, fans le
fecours *des plumes, de l'encre, ni du papiér,*
ce que n'auroit jamais ofé propofér feu M. de
Vallange, tout finguliér & tout éxtraordinaire qu'il fût.

Comme notre anonime Tipographe paroît éxtrémement zélé, en faveur du bien
public, & qu'il femble doutér de l'utilité de
*ce nouveau Livre*, au moins pour les enfans,
on éfpére qu'il reviendra de fa crainte, à la
vue des fufrages & des éloges de tant d'habiles gens.    Je fuis, &c.

Ce 6. *Novembre* 1741.

On peut encore ajoutér à céte Létre
de M. de la Sérre, ce que dit M. l'Abbé

Goujet dans le premiér Volume de sa Bibliotèque Françoise, imprimée à Paris en 1740. pages 108. & 109.

*Je ne vois pas que M. Réstaut (a), ait profité comme M. l'Abbé de Dangeau (b), le P. Buffiér (c), M. Dumas (d), & quèlques autres, de la Mèthode de M. de Launay, ou l'art d'aprendre à lire le François & le Latin, imprimée à Paris en 1719.*

*Ceux qui en ont profité sont louables........*

*Quand il présenta sa Mèthode à M. l'Abbé Bignon, ce Savant après l'avoir éxaminée, y trouva de fort grands avantages, & aplaudit au zèle & aux vues de l'Auteur.*

*Cète Mèthode ut ensuite d'autres Aprobateurs distingués par leurs talens & par leurs lumières. Feu M. l'Abbé d'Orsanne, Chanoine de l'Eglise de Paris, & Dirèêeur des Ecoles de cète Ville, lui donna aussi son sufrage, & l'èxpérience a montré depuis, qu'on pouvoit s'en servir avéc beaucoup d'utilité.*

On a vu distinctement, par tout ce qui précéde, que *la Mèthode du Bureau Tipographique*, n'est qu'une copie informe de notre Méthode : que son origine vient de mon Pé-

---

(a) Avocat au Conseil, Auteur d'une Grammaire Françoise, imprimée à Paris, en 1736. & 38.

(b) L'un des 40. de l'Académie Françoise.

(c) Savant Jésuite, Auteur d'une Grammaire Françoise, imprimée à Paris, en 1732.

(d) Auteur du Bureau Tipographique.

re, qui la fit imprimér dès 1719. plus de 10. ans avant la naiſſance de *ce Bureau*, & que je l'ai pérféctiònnée en 1741. Néanmoins, rien n'eſt ſi commun que d'entendre dire encore à beaucoup de gens : *Mon fils aprend à lire par la Méthode du Bureau Tipographique*, ils ne diſent pas, *par la Méthode de M. de Launay*, mais, *par célle du Bureau.*

Ce qu'il y a encore de plus ſinguliér, c'eſt que depuis 1741. que j'ai donné mon Livre ſur la maniére d'aprendre à lire, où céte Méthode a paru au grand jour ; chaque Maître & même chaque Maîtreſſe, ſe vante d'avoir auſſi une Méthode particuliére à ce ſujet, comme s'il y avoit autant de Méthodes pour aprendre à lire, que de Maîtres ou de Maîtréſſes : quoique dans le fait, il n'y en ait que deux, ſavoir l'Anciénne : & la Nouvélle, dont mon Pére eſt l'Auteur, ainſi ils ne ſuivent que l'une ou l'autre.

En 1743. 44. & 45. pluſieurs Maîtres ont fait encore davantage , tous les éloges des Savans que l'on a vu en faveur de céte nouvélle Méthode , leur ont fait naître l'envie d'écrire auſſi ſur céte matiére , ils ont u aſſés peu de délicatéſſe, pour publiér des Livres, ſous le titre de *Nouvélle Méthode pour aprendre à lire, &c.* & d'annoncér ces ouvrages comme une matiére toute neuve :

on ne peut affés admirér leur franchife : mais une petite Brochure intitulée, *Anti-Quadrille ou le Public détrompé*, que je fis imprimér en l'année 1745. prouve puiffamment, que tous ces prétendus Auteurs, ne font que de mauvais Copiftes de notre Méthode : qu'ils n'ont fait que la gâtér & la défigurér, en voulant fe l'apropriér.

Ces Copiftes, pour fe lavér *du crime* de Plagiat, ( on dit, *crime*, car les Loix Romaines en font mention comme d'un crime ) difent, qu'ils ont puifé céte nouvélle Méthode, dans la Grammaire générale & raifonnée, imprimée dès 1665. & de là ils concluent, qu'ils ne font point Plagiaires ou mauvais Copiftes de notre Méthode.

Ceux qui voudront voir le ridicule & le faux de céte allégation, auront recours à notre *Anti-Quadrille*, qu'ils trouveront à Paris, chés les mêmes Libraires qui vendent ce Livre.

Plufieurs Savans parlent de céte Brochure, intitulée : *Anti-Quadrille, &c.* Dans *Le Controleur du Parnaffe, ou nouveaux Mémoires de Littérature, Françoife & Etrangère, en forme de Lêtres.* Tome 2. Lêtre 5ᵉ. du premiér Séptembre 1745. page 164. on trouve :

*Je ne vous parle pas d'une infinité de Bro-*

*chures, dont le Public ne cèſſe d'être innondé.
Vous connoiſſés le goût de notre Nation pour ces
frivolités, qui meurent toutes en naiſſant, & qui
ne méritent que ce ſort.*

*Il y en a pourtant deux nouvélles qui doivent
être tirées de la foule des autres.*

*La première qui a pour titre :* ANTI-QUA-
DRILLE OU LE PUBLIC DÉTROMPÉ, *contient la réfutation complète de prétendues* NOU-
VELLES METHODES POUR APRENDRE A
LIRE, &c.

*Je m'étois propoſé de vous entretenir aujourd'hui de cét Ecrit. Mais pour en ſentir tout le
mérite, il faut remontér à des faits qui demandent plus d'éſpace, que je ne puis leur en donnér
dans ce moment, .... &c. ...*

Dans le Journal de Trévoux, du mois de
Juillet 1745. pages, 1324. 25. & 26. on
trouve encore pluſieurs articles, touchant
céte même Brochure, dont on va raportér
une partie.

*Anti-Quadrille ou le Public détrompé.*

*M. de Launay a hérité de ſon Père, une très-
bonne pratique, un Art ſinguliér de formér les
Enfans à la léſture. Cela ſe fait en peu de tems,
& par des principes très-ſimples. Le détail en
a été donné dans des Livres imprimés en 1719.
& en 1741.*

*M. de Launay a de grands avantages. Il a
pour lui les dates antérieures de l'ouvrage de ſon*

*père*

Pére & du sien. Il a le dégagement & la sim-
plicité de la Méthode. Il a les exemples frapans
qui en démontrent, au premiér coup d'œil, la
bonté & la célérité. Il a l'accueil que le Public
fait à son Livre, & les éloges que lui ont donné
tous les Ouvrages périodiques.

Il vient de me tombér sous la main dans
l'instant même, un Volume gros *in-12*, qui
contient deux Traités, intitulés : *Méthode
familiére pour les Ecoles, contenant le devoir des
Maîtres & des Maîtrésses d'Ecole, avec la maniére de bien instruire. On y a joint un Traité de
la Prononciation & de l'Ortographe de la Langue Françoise :* imprimés par ordre de Monsei-
gneur l'Evêque Comte de Toul, à l'usage de
son Diocése, 1749.

Le Privilége est obtenu au nom de M.
l'Evêque de Toul, & il y a à la tête du Livre, un Mandement de ce Prélat, *qui
enjoint à tous les Maîtres & les Maîtrésses,
d'en avoir chacun un exemplaire, de se con-
formér aux régles qui y sont préscrites, & aux
Curés & Vicaires de son Diocése, d'y veillér
exactement.*

Toutes les précautions que l'on a prises
pour rendre ce Livre autentique, prouvent que ses Auteurs sont gens de mérite, sans quoi on ne leur auroit pas con-
fié le soin d'un Ouvrage qu'on a cru aussi
utile. Ce qu'il y a de vrai, c'est qu'ils sont

de meilleure foi, que tous les Plagiaires &
les Copiſtes dont on vient de parlér, qui
s'aproprient hardiment les ouvrages d'au-
trui, car ils diſent dans la Préface du premiér Tome, page 12.

*Au rèſte nous nous croyons obligés d'avèrtir
ici le Public, que pour faire cèt ouvrage, nous
n'avons fait qu'èxtraire* DES LIVRES LES PLUS
ÉSTIMÉS, *ce que nous avons trouvé de plus
convenable à notre but, &c.*

Dans le titre du ſecond Tome, ils diſent :

*Traité de la Prononciation & de l'Ortogra-
phe de la Langue Françoiſe,* TIRÉ DES MEIL-
LEURS AUTEURS.

Et dans la Préface de ce ſecond Tome,
page 7. il y a :

*Mais le préſent ouvrage étant particulière-
ment dèſtiné pour les Maîtres & les Maîtrèſſes
d'Ecole, on s'eſt contenté de tirér* DES MEIL-
LEURS AUTEURS, *les principales règles de la
Prononciation & de l'Ortographe.*

A la ſuite de céte Préface, ſe trouve une
liſte des Auteurs, qui ont ſervi à la compo-
ſition de tout l'Ouvrage.

M. ROLLIN : *Manière d'enſeignér & d'étu-
diér, avéc le Suplément.*

M. DE FÉNELON : *l'Education des Filles.*

M. LOKE : *l'Education des Enfans.*

Ecole Chrétienne : *Paris* , 1624. & 1630.

Le P. Buffier : *Grammaire* , 1732.

M. de Launay : *Méthode pour aprendre à lire le François & le Latin , &c. Paris ,* 1741.

M. l'Abbé Girard : *de l'Académie Françoise : Principes de la Langue Françoise. Paris ,* 1747.

Dictionnaire de Trevoux : Dictionnaire de Richelet : Dictionnaire de Joubert : *Nouvelle édition.*

Ils citent encore quélques Auteurs, qu'on ne raporte pas ici , pour abrégér.

Dans le cours de tout l'Ouvrage, on trouve la nouvélle Méthode citée en marge , tant pour *la Léćture, la Prononciation du François & du Latin , l'Ortographe, la Ponćtuation, la Langue Françoise , la Quantité Latine ,* que pour *la manière d'enseignér, &c.*

Je n'ai raporté l'autorité des Savans , & fait toutes ces remarques, que pour prouvér de plus en plus , l'éstime que l'on fait de notre Méthode, dans les Provinces comme à Paris. Mon unique but ést d'engagér ceux que le préjugé tient encore ésclaves des viéilles coûtumes , & des anciens usages, à profitér de céte Méthode, & à ne pas se laissér surprendre par une

quantité d'ouvrages qui ont paru depuis, fur
la maniére d'aprendre à lire, que leurs Auteurs annoncent hardiment comme des Si-
ftêmes nouveaux, & qui ne font, encore
une fois, que des copies mal rédigées, con-
fufes & embrouillées, de la Méthode que
nous avons donnée au Public.

On peut vérifiér facilement ces faits, en
comparant toutes les Méthodes de ces copiftes, avéc la nôtre. On vérra qu'ils ne font
que répétér & d'une maniére confufe & prolixe, une partie de ce que nous avions dit
mon Pére ou moi, plus de 3 o. années avant
eux, mais dans un ordre plus convenable &
plus fimple.

---

NOTA. Page 152. lignes 11. & 12. on trouve

| $i$ | $é - r$ | $i - r$ |
|---|---|---|
| 1. | 2. $\frac{1}{2}$. | 3. $\frac{1}{2}$. |

Il y a des pérfonnes qui pronon-
cént toutes ces lêtres féparément, & qui difent comme s'il y

avoit, 

| $i.$ | $é$ | $ére$ | $i$ | $ére$ |
|---|---|---|---|---|

Mais ce n'eft point
cela. On mét deux lêtres avéc une divifion, pour peindre le
fon d'une feule lêtre confonne. Par éxemple, pour expri-

mér le fon de la lêtre, $r$, on mét, 

| $é - r$ |
|---|
| 1. $\frac{1}{2}$. |

parce que le

fon des lêtres confonnes, felon la Méthode ordinaire, produit à l'oreille, un fon & un demi-fon : & pour peindre aux
yeux ce fon & demi, on mét un chifre pour le fon entiér; &
une fraction, pour exprimér le demi fon : enfin, il faut
prononcér, comme fi on faifoit épelér le mot, *irrréconcilia-*
*blement*, par l'anciénne Méthode,

# EXEMPLE

*Qui démontre de nouveau, l'avantage
de la Nouvèlle Mèthode, fur
l'Anciènne.*

CEC1 eſt une éſpéce de hors-d'œuvre
pour égayér le Lècteur, & qui prouve
de plus en plus, le ridicule èxtrême de
l'anciénne Méthode, & de ſa maniére d'enſeignér.

On fait voir par cèt éxemple, qu'un Maître qui auroit 50. Ecoliérs à faire lire, tant
dans ſa claſſe du matin, que dans cèlle du
ſoir, articuleroit par l'anciénne Méthode
conjointement avèc ſes écoliérs, la quantité de *onze millions, neuf cens quarante mille
ſons*, de plus que par la Nouvèlle, & cela
dans une ſeule journée.

Pour parvenir à épelér & à lire le mot,
*irréconciliablement*, compoſé de 8. ſilabes,
je prie d'obſérvér la quantité prodigieuſe
d'opérations inutiles & de burléſques articulations qu'il y a à faire, tant de la part
du Maître que de la part de l'écoliér.

Nous avons prouvé par notre Préface,

que fuivant la nouvélle Méthode, lorfqu'un
enfant fait le nom des létres & celui de quélques filabes contenues dans nos 8. leçons,
fur léfquèlles il n'eft jamais plus d'un mois,
s'il eft bien enfeigné, il fait épelér : qu'auffi-
tôt il fait lire de lui-même, & fans qu'on
foit obligé de lui rien nommér ni de lui rien
répétér. Il ne fait pour épelér, que nommér fes létres & fes filabes télles qu'il les fait,
ce qui ne lui coûte rien, & ce qui n'eft qu'un
jeu pour lui.

Tout le contraire arive par l'anciénne
Méthode : on lui aprend d'abord fes létres.
Auffi-tôt qu'il les fait, & quélquefois même lorfqu'il ne les fait qu'à moitié, le Maître le fait épelér, & annonce qu'il va favoir
lire peu de mois après : cependant toute la
fcience de l'enfant fe réduit à nommér les
létres feulement : fouvent il réfte dans céte
fituation fort long-temps.

Les Parens fe flatent néanmoins *que
leurs enfans fauront bientôt lire, parce qu'ils
commencent à épelér.* Rien n'eft plus faux ;
l'écoliér dans cét état, ne peut pas articulér le fon de la moindre filabe, encore moins
lire le moindre mot, fi le Maître ne lui nomme l'un & l'autre, que l'écoliér répéte d'a-
près lui, filabe à filabe, & cét éxércice dure
plufieurs années, à moins que l'enfant ne
foit né avéc une grande mémoire, parce

que le nom ou le son des létres, n'a aucune analogie ni aucun raport, avéc les sons contenus dans les mots, comme nous l'avons déja prouvé.

Il faut que le Maître lui dise tout, & qu'il le méne, pour ainsi dire, par la main, à chaque létre, sans quoi l'écoliér ne pouroit jamais se tirér de ce labyrinthe. Il faut encore qu'il aprénne une multitude de sons étrangérs & barbares, par raport aux sons renférmés dans les mots, & il faut ensuite qu'il les oublie, pour parvenir à rendre les vrais sons.

On ne s'imagineroit jamais la quantité prodigieuse d'opérations singuliéres que le Maître & l'écoliér sont obligés de faire. Malgré tout ce qui a été dit dans notre Préface, il faut voir le tableau qui suit, pour en étre pérsuadé.

Le Maître comme l'on sait, montre à son écoliér, avéc une touche, chaque létre, qu'il lui fait articulér l'une après l'autre, avéc leurs sons barbares & impropres, & ensuite il lui dit le son des létres réunies, qui en est le résultat, ce qui forme des silabes & des mots.

Toutes ces létres articulées d'abord par l'écoliér, réunies par le Maître, pour en formér des silabes & des mots, qui sont ensuite répétés par l'écoliér, avéc des mines & des tons singuliérs : tout cela, dis-je, pou-

roit peut-être réjouir un fpectateur défin-
téréffé & de fang froid : mais il n'amufe ni
le Maître ni le difciple, & ce dèrniér en eft
préfque toujours la victime, par la torture
qu'il donne à fon éfprit, & fouvent par des
châtimens fort injuftes.

Pour épelér ce mot, *irréconciliablement ;*
fuivons & le Maître & le difciple.

Le Maître montre à l'écoliér, les premiéres lètres de ce mot l'une après l'autre,
que ce dèrniér prononce,

| $i$ | $é$-$r$ |
|---|---|
| 1. | 2. $\frac{1}{2}$. |

Le
Maître dit,

| $i$-$r$ |
|---|
| 3. $\frac{1}{2}$. |

enfuite l'écoliér ré-
péte,

| $i$-$r$ |
|---|
| 4. $\frac{1}{2}$. |

Le Maître continue à mon-
trér les lètres fuivantes au difciple, qu'il
prononce,

| $é$-$r$ | $é$ |
|---|---|
| 5. $\frac{1}{2}$. | 6. |

Le Maître dit,

| $ré$ |
|---|
| 7. |

l'écoliér répéte,

| $ré$ |
|---|
| 8. |

Le Maître pourfuit,
& montre les lètres fuivantes à l'écoliér,
qu'il prononce,

| $cé$ | $o$ | $é$-$n$ |
|---|---|---|
| 9. | 10 | 11 $\frac{1}{2}$. |

Le Maître

dit,

| con |
| --- |
| 12. |

L'écoliér répéte

| con |
| --- |
| 13. |

Le Maî-tre assemble & dit,

| i - r | ré | con |
| --- | --- | --- |
| 14. ½. | 15. | 16. |

L'écoliér répéte,

| i - r | ré | con |
| --- | --- | --- |
| 17. ½. | 18. | 19. |

Le Maître continue à montrér les létres qui suivent, & l'écoliér prononce,

| cé | i |
| --- | --- |
| 20. | 21. |

Le Maître dit,

| ci |
| --- |
| 22. |

L'écoliér répéte,

| ci |
| --- |
| 23. |

Le Maître assemble & dit

| i - r | ré | con | ci |
| --- | --- | --- | --- |
| 24. ½. | 25. | 26. | 27. |

L'écoliér répéte,

| i - r | ré | con | ci |
| --- | --- | --- | --- |
| 28. ½. | 29. | 30. | 31. |

Le Maître montre les létres suivantes, & l'écoliér prononce,

| é - l | i |
| --- | --- |
| 32. ½. | 33. |

Le Maître dit,

| li |
| --- |
| 34. |

l'écoliér répéte,

| li |
| --- |
| 35. |

Le Maî-tre assemble & dit

| i - r | ré | con | ci | li |
| --- | --- | --- | --- | --- |
| 36. ½. | 37. | 38. | 39. | 40. |

L'écoliér répéte,

| i - r | ré | con | ci | li |
|---|---|---|---|---|
| 41 ½ | 42. | 43. | 44 | 45. |

Le Maître montre encore la létre qui suit, que l'écoliér prononce,

| a |
|---|
| 46. |

Le Maître assemble ce qui précéde & dit,

| i - r | ré |
|---|---|
| 47. ½ | 48. |

| con | ci | li | a |
|---|---|---|---|
| 49. | 50. | 51. | 52. |

L'écoliér répéte,

| i - r | ré | con | ci | li | a |
|---|---|---|---|---|---|
| 53. ½ | 54. | 55. | 56. | 57. | 58. |

Le Maître poursuit toujours son ouvrage de patience, c'est-à-dire, continue de montrér les létres qui suivent, à l'écoliér, qui prononce,

| bé | é - l | é |
|---|---|---|
| 59. | 60. ½ | 61 |

Le Maître dit,

| ble |
|---|
| 62. |

L'écoliér répéte,

| ble |
|---|
| 63. |

Le Maître assemble & dit,

| i - r | ré | con | ci |
|---|---|---|---|
| 64. ½ | 65. | 66. | 67. |

| li | a | ble |
|---|---|---|
| 68. | 69. | 70. |

L'écoliér répéte,

| i - r | ré |
|---|---|
| 71. ½ | 72. |

| con | ci | li | a | ble |
|---|---|---|---|---|
| 73. | 74. | 75. | 76. | 77. |

Le Maître con-
tinue à montrér encore les létres qui suivent, & l'écoliér prononce,

| é – m | é |
|---|---|
| 78. ½. | 79. |

| é – n | té |
|---|---|
| 80. ½. | 81. |

Le Maître dit,

| ment |
|---|
| 82. |

L'écoliér répéte,

| ment |
|---|
| 83. |

Le Maître af-
semble enfin tout ce qui précéde & dit;

| i – r | ré | con | ci | li | a | ble | ment |
|---|---|---|---|---|---|---|---|
| 84. ½. | 85. | 86 | 87. | 88. | 89. | 90 | 91. |

L'écoliér répéte,

| i – r | ré | con | ci |
|---|---|---|---|
| 92. ½. | 93. | 94. | 95. |

| li | a | ble | ment. |
|---|---|---|---|
| 96. | 97. | 98. | 99. |

On ne compte pas ici toutes les répétitions tant de la part du Maître que du
Difciple, quand ce dérniér manque de mémoire ou d'atention, pour répétér jufte
ce qu'on lui dit, ou ce qu'il n'entend pas
d'abord, ces répétitions & ces fautes font
immenfes, & il faudroit des volumes pour
les éxprimér fur le papiér.

Voilà cependant une partie des opérations que le Maître & l'écoliér font forcés de
faire, pour parvenir à épelér & à lire un feul
mot. Il faut que l'écoliér aprénne une quantité prodigieufe de fons, qui n'ont aucun
raport à ceux qui font renfermés dans les
mots ( & il faut qu'il les oublie dans l'inftant
même ) pour parvenir à lire, car épelér &
lire, font deux opérations diférentes.

Quélle torture pour un enfant qui ne fait
que fes létres! Quél embaras d'éfprit & de
mémoire, & enfin quélle multiplicité d'i-
dées!

Il faut être Maître ou avoir pris la peine
d'enfeignér, pour fentir parfaitement le
vrai, de tout ce que l'on éxpofe ici. La plupart des hommes ont oublié la peine éxtrê-
me qu'ils ont u, pour aprendre à lire, & ils
croyent que rien n'eft plus facile, même par
céte ancienne Méthode. J'ai vu des gens
fans éxpérience à cét égard, qui d'ailleurs
avoient du mérite, tenir des propos particuliérs fur céte matiére; ne vouloir pas fe rendre à l'évidence, à la raifon & à la vérité : ce
qui prouve parfaitement que l'habitude en
nous, eft comme une feconde nature, &
que le préjugé parmi bien des hommes,
l'emporte fouvent fur la raifon même, &
fur l'éxpérience.

Le Maître & le Difciple articulent, comme l'on voit, 99, fons pleins & entiérs, &

'22. demi-fons , qui valent 11. fons entiérs,
& qui joints à 99. font 110. fons, préfque
tous étrangérs , par raport aux fons véritables de ce mot.

Ainfi pour parvenir à épelér & à lire
huic filabes , contenues dans ce mot ,

| i-r | ré | con | ci | li | a | ble | ment |
|---|---|---|---|---|---|---|---|
| 1. $\frac{1}{2}$ | 2. | 3. | 4. | 5. | 6. | 7. | 8. |

qui ne for-

ment que 8. fons & demi , il faut en prononcér 110. felon céte anciénne Méthode.

Suivant la Nouvélle , on n'en articule que 10. & demi pour épelér ce mot, ce
qui ne fait que deux fons de plus qu'en lifant.
On dit

| i-r | ré | c-on | ci | li | a | ble | m-ent |
|---|---|---|---|---|---|---|---|
| 1. $\frac{1}{2}$ | 2. | 3. 4. | 5. | 6. | 7. | 8. | 9. 10. |

par conféquent pour épelér par la nouvélle
Méthode, on articule 99. fons & demi , de
moins, dans ce feul mot, que par l'anciénne ; avéc céte diférence, qui eft encore éffentiélle , que l'enfant inftruit des 8. leçons de
nos principes, fait auffi-tôt épelér & lire de
lui-même tous les mots, fans aucune gêne,
fans aucun embaras, ni de la part du Maître , ni de la part de l'écoliér, & fans que le
Maître foit obligé de rien nommér à fon
Difciple.

On a vu qu'il faut articulér, tant de la part
du Maître, que de célle de l'écoliér, 110.
fons pleins & entiérs , pour parvenir par
céte anciénne Méthode, à épelér & à lire
ce feul mot, *irréconciliablement.*

Or ſupoſons une page de 30. lignes, dont chacune ne ſoit compoſée que de la valeur de deux mots ſemblables, voyons ce que cela nous donneroit de ſons.

Il faut d'abord doublér les 110. ſons, pour les deux mots ſupoſés, ce qui nous donnera 220. ſons : enſuite il faut multipliér ces 220. ſons, par 30. lignes, ce qui donnera 6600. ſons, parce que 30. fois 220. font 6600.

Par la nouvélle Méthode, au lieu de 110. ſons, pour épelér & lire ce même mot, on n'en articule que 10. & demi.

Faiſons la même opération : doublons ces 10. ſons & demi, pour ces deux mêmes mots ſupoſés, nous aurons 21. ſons entiérs.

Préſentement, multiplions ces 21. ſons, par 30. lignes, cela nous donnera 630. ſons.

Par la Méthode anciénne, pour épelér & lire une page de 30. lignes, où il n'y auroit dans chaque ligne, que la valeur de ces 2. mots ſeulement, on articule 6600. ſons.

Par la Nouvélle, pour faire la même opération, on n'en articule que 630. ce qui fait 5970. ſons de moins, que par l'anciénne, car de 6600. ôtés 630. il réſte 5970.

Voilà donc à chaque page de 30. lignes, une abréviation de 5970. ſons, à articulér de moins par la nouvélle Méthode, que par l'anciénne, ſans comptér la juſtéſſe & la fa-

cifité de l'une : l'irrégularité & les embaras
prodigieux de l'autre,

Et fi la leçon eft de 20. pages, car une
leçon ne fe borne pas à une page feulement,
il y aura 20. fois 5970. fons à articulér de
plus par l'anciénne, que par la nouvélle,
qui font *cent dix-neuf mille quatre cens*, parce
que 20. fois 5970. font 119400,

De ce que je viens de dire, il réfulte que
par l'anciénne Méthode, le Maître & l'écoliér articulent à eux deux, dans céte leçon,
& par la voie la plus courte, c'eft-à-dire,
en fupofant qu'il n'y ait aucune répétition
de part ni d'autre, la quantité de 119400.
fons, de plus que par la Nouvélle.

De fupofér que l'écoliér ne fe trompera
point, & qu'il répétera jufte d'après fon
Maître, c'eft fupofér l'impoffible, cependant ces répétitions & ces embaras, triplent
& quadruplent les opérations.

Tout ce qui vient d'être dit, ne regarde
qu'un feul écoliér, mais fi nous en fupofions
50. dans la claffe de ce Maître ( il y en a qui
en ont cent ) il faudroit multipliér 50. fois
les mêmes opérations, ce qui nous donneroit *cinq millions neuf cens foixante-dix mille
fons* articulés de trop, par l'anciénne Méthode, tant par le Maître, que par fes 50.
écoliérs : & cela dans une feule claffe ou du
matin ou du foir.

Enfin, comme un Maître tient fa claffe

deux fois par jour, le matin & le foir : fi on fupofoit que ce Maître fît fon devoir éxactement, pendant fes deux claffes, il feroit forcé d'articulér, tant lui que fes écoliérs, par céte anciénne Méthode, la quantité prodigieufe de *onze millions neuf cens quarante mille fons*, de plus que par la Nouvélle.

Que la fanté de ces Maîtres doit être vigoureufe, pour foûtenir un fi rude travail !

On pouroit volontiérs leur apliquér ce 14e. vérs de la 1e. Satire de Pérfe :

*Grande aliquid, quod pulmo anima pralargus anhelet.*

Des ouvrages fi grands, que les poumons les plus larges & les plus robuftes, ne fauroient récitér fans pérdre haleine, & fans être tout éffouflés.

L'abréviation de la nouvélle Méthode eft frapante, comme l'on voit, & les pérfonnes fenfées peuvent jugér, par l'éxemple de ce feul mot, *irréconciliablement*, des peines infinies qu'il faut fe donnér, & du tems qu'il faut employér, par l'anciénne Méthode, pour aprendre à lire à un enfant : néanmoins depuis l'année 1741. que j'ai donné la 2e. édition de la nouvélle Méthode, où on annonce dans le titre : *Qu'on y fait plus de progrès en 3. mois, qu'en 3. ans, par l'anciénne*, rien n'eft plus commun que de voir des pérfonnes qui veulent encore enchérir fur ce titre, & qui difent avéc un air de confiance à étonnér : *J'ai apris à lire par l'anciénne*

ciénne *Méthode en jouant & en badinant, dans
l'éspace d'un mois ou deux, & avant l'âge de
3. ans, je savois lire parfaitement,* on ne pouvoit plus me rien montrér.

Il y en a d'autres qui pouffent le ridicule
encore plus loin, & qui foûtiénnent hardiment, *qu'ils ont apris à lire, à écrire & l'Ortographe en très-peu de tems & fans Maîtres:* ils tiénnent ces difcours ou par amour
propre, ou parce qu'ils ont oublié le tems
& la peine qu'ils ont u pour aprendre : mais
quand ils veulent enfeignér eux-mêmes leurs
enfans ou les faire enfeignér fous leurs yeux,
ils voyent le tems confidérable qu'employent
ces enfans & la peine qu'ils ont ( fouvent avéc
beaucoup de mémoire ) pour aprendre à lire
par l'anciénne Méthode. Ils fentent alors
combien ils fe font abufés : & c'eft pour les
convaincre encore de plus en plus, de leur
érreur, que je me fuis détérminé à métre les
chofes dans la plus grande évidence, par le
tableau que je viens d'éxpofér.

---

JE VAIS faire part au Public, de la
Létre d'une petite fille de 8. ans, qui
prouve combien les enfans deviénnent
forts, en aprenant à lire par notre Méthode, non-feulement dans la lécture,
dans la bonne prononciation, mais encore
dans l'Ortographe,

Le 14. Septembre 1745. étant à l'Abbaye de S. Martin des Champs, avec cete jeune enfant, qui avoit apris à lire par notre Méthode, on lui fit faire un petit éxercice dans ce Couvent, & voici la Létre qu'elle a écrite en préfence de plufieurs Religieux & fous la diétée de M. l'Abbé de Ladhoue, Doéteur en Théologie, au bas de laquélle ils ont donné leur cértificat.

*Ma chère Mère, j'ai été aujourd'hui 14. Séptembre 1745. à l'Abbaye de Saint Martin des Champs, où l'on m'a fait éxpliquér le titre & quèlques emblêmes d'Alciat, avéc le Prologue de Pèrfe, en préfence des RR. PP. Dom Poncet, premiér Affiftant, Dom Pèrnot Bibliotéquaire de la Maifon, Dom le Duc Sécrètaire, Dom Garnifon, autre digne Religieux, & auffi en la préfence de M. l'Abbé de Ladhoue Doéteur en Théologie. Ces RR. PP. m'ont fait dés quèftions fur les principes de la Langue Latine, même les plus dificiles : ils ont u la bonté de paroître contens, & ils font convenus que j'étois fure de tous les principes. Ils fe font récriés en difant, qu'ils n'avoient jamais vu un enfant de huit ans, faire ce qu'un bon écoliér de Rhétorique n'auroit pas fait. C'eft M. l'Abbé de Ladhoue qui m'a diété céte Létre, en préfence de la compagnie. Quèlle gloire pour moi, ma chère Mère, d'avoir ainfi brillé & à mon âge, devant des Religieux que*

*le Public reconnoît depuis si long-tems, pour être
Savans. Ces RR. PP. pour marque d'authenti-
cité veulent me donnér au bas de cète Lètre, un
Cértificat signé d'eux, pour vous prouvér ces
faits, & pour m'encouragér à continuér. Je
suis, &c.*

*J'oubliois de vous dire, ma chère Mère, que
ces Mèssieurs n'ont pas trouvé une seule faute
d'Ortographe dans cète Lètre, que j'ai écrite en
leur présence, sous la dictée de M. l'Abbé de
Ladhoue, & que mon écriture leur a paru plutôt cèlle d'un homme consommé, que d'une petite
fille de 8. ans.*

Sur la même Lètre, au bas de la signa-
ture, M. l'Abbé de Ladhoue a écrit de sa
main ce qui suit, à la Mère de cète enfant.

*Madame, nous sommes témoins des mèr-
veilles qu'on vous annonce, & s'il y a quèlque
chose à admirér pour vous, c'est de possédér
dans un si aimable sujet, un si riche trésor.*
Signés, P. PERNOT. J. GARNISON.
DE LADHOUE, *Docteur en Théologie de la
Faculté de Paris.*

Ces Mèssieurs, outre son petit éxèrcice
sur la Langue Latine, & la pérféction de
son ortographe: outre son écriture formée
& très-lisible, admirèrent sur-tout la force
de sa lécture, & sa bèlle prononciation,

tant en François qu'en Latin , parce qu'on fait que rien n'eſt plus rare qu'un bon Lécteur.

Ils voulurent lui donnér & à ſa famille , des marques de leur contentement. On a conſérvé céte Létre par hazard juſqu'à ce jour. Je l'ai copiée ſans y rien changér , pour prouvér qu'il eſt impoſſible de rien opérér de ſemblable à cet âge là , avéc le ſecours de l'anciénne Méthode.

L'état de ces Méſſieurs , leur profonde érudition & leur grande probité , mét leur témoignage à couvért de toute ſuſpicion , d'autant plus qu'au jour de céte Létre , je ne connoiſſois que le R. P. Dom Garniſon. Je puis encore aſſurér que je n'en ai vu aucuns depuis.

Une petite ſille de 8. ans , qui écrit ſous la dictée , dans le moment même , ſans être préparée  & en préſence d'une Compagnie qui lui eſt inconnue , & qui écrit une Létre ſemblable , ſans une faute d'ortographe , eſt un éxemple unique : car on voit peu de jeunes gens aux Colléges , même en Rhétorique , ſavoir l'Ortographe auſſi-bien. On pourroit hazardér de dire même , qu'on n'en voit point.

Céte petite ſille trouvoit dès ce tems-là , tous les mots dans les Dictionnaires François & Latins , ou Latins & François , comme

Elle le fait encore aujourd'hui, c'est-à-dire, tout aussi-bien & aussi-vîte, qu'un habile homme.

A l'égard de la Langue Latine & de l'explication, cête jeune enfant n'étoit devenue aussi forte à son âge, que par une Méthode particuliére à ce sujet, qui n'a point encore été rendue publique, par laquélle on fait plus de progrès en 2. ou 3. ans, qu'on n'en fait par toutes les Méthodes ordinaires, en 8. ou 10.

Cête Méthode est si facile, qu'elle est à la portée d'un enfant de 4. à 5. ans, & qu'une Dame peut aprendre le Latin toute seule & sans le secours d'aucun Maître, en suposant néanmoins qu'élle ait u auparavant un mois ou deux de leçons, pour lui donner une idée seulement des neuf parties d'Oraison, des Déclinaisons, des Conjugaisons, & de 8. ou 10. petites régles de Sintaxe. On dit *une idée seulement*, car il n'est pas nécéssaire pour commencér, qu'élle sache ces choses parfaitement.

Il y a plus, c'est que cête Dame ( étant guidée une fois ou deux par semaine, pendant une demi-heure ) peut enseignér un enfant de 4. ou 5. ans, dès en commençant élle-même, aussi surement & aussi habilement, que le pouroit faire un bon Profésseur. Cête proposition paroît ridicule &

même impoſſible, cependant élle eſt éxactement vraie. L'éxpérience en a été faite
pluſieurs fois, par des pérſonnes très-con-
nues. On peut convaincre de ce fait, tout
homme ſenſé, ſavant ou non, dans l'éſpace
d'une demi-heure.

---

Voici encore un éxemple qui, quoique très-différent, n'eſt pas moins déciſif
que celui qui précéde.

En l'année 1744. je fus engagé par Madame la Comtéſſe de Vertéillac, dont le
rare mérite eſt ſi connu, à prendre chés moi
un enfant de Province, ſon Parent, âgé de
dix ans & demi, à qui on n'avoit jamais pu
aprendre à nommér de lui-même les 5. voyéles. Cét enfant, parce qu'il étoit riche & unique héritiér, avoit été élevé juſqu'à ſix ans &
demi, avéc une complaiſance aveugle, & li-
vré à tous ſes caprices. On lui donna pendant un an, les meilleurs Maîtres de ſa Province, qui ne purent jamais lui aprendre une
ſeule létre. Il fut amené à Paris à 7. ans &
demi, chés M. Tricot, Maître de Penſion,
près la Paroiſſe de Bonne-Nouvelle, qui
avoit beaucoup de Penſionnaires, & qui
étoit en réputation : celui-ci, y employa tous
ſes ſoins pendant deux ans, avéc auſſi peu
de ſuccès. Les Parens outrés de l'état de

leur enfant, urent encore recours à diférens Maîtres à Paris, pendant une année, mais tout fut inutile, & il n'en fut pas plus avancé. Il faut remarquér, que cèt enfant n'étoit pas né comme les autres, du côté de l'éfprit ( quoique d'une jolie figure ) & que tous ces Maîtres tant en Province qu'à Paris, avoient fuivi l'anciénne Méthode.

C'eſt dans ces circonſtances, que Madame la Comtéffe de Vérteillac me chargea de cèt enfant, qui étoit alors âgé de dix ans & demi, & qui n'avoit jamais pu aprendre à nommér de lui-même, les 5. voyéles, comme je l'ai déja obfèrvé.

On m'offrit dix-huit cens livres par an, & deux mille livres outre la penfion, auffi-tôt que l'enfant fauroit lire.

Quoique mes occupations foient d'un tout autre genre, je l'entrepris, mais plutôt par honneur que par intérêt ; & avéc le fecours de ma Méthode, il fçut lire, comme les enfans ordinaires de fon âge, dans toutes fortes de Livres François & Latins, en moins de 6. mois.

Tous fes Parens & fes premiérs Maîtres, fort étonnés, accoururent chés moi, pour être témoins de cète éfpéce de prodige.

Le Pére de l'enfant, plus incrédule encore que les autres, vint auffi tout éxprès à Paris, de 100. lieues, pour voir par lui-méme, un fuccès fi peu atendu, & qu'il avoit toujours cru impoffible.

Il me feroit facile, pour conftatér ces faits, d'en apelér au témoignage de bien des pérfonnes diftinguées à Paris, mais je me contenterai de nommér ici Mademoifélle de Mailly *, dont la grande vértu égale la naiffance, qui a u occafion de voir par élle-même, tout ce que j'éxpofe.

Cét éxemple prouve bien, que le tems éft précieux, méme dans les petits énfans : qu'on ne peut commencer trop tôt leur éducation, & à les captivér peu à peu, à proportion de leur âge : qu'on doit toujours choifir les meilleurs Maîtres, quand on le peut, même pour commencér : & enfin, qu'avéc le fecours de la nouvélle Méthode, on fait des opérations, qui font impoffibles par l'Anciénne.

---

* Mademoifélle de Mailly, eft Tante de Madame la Marquife de Voyér d'Argenfon, & élle demeure préfentement rue de Cléry.

F I N.